CEOL RINCE NA hÉIREANN
IV

Ceol Rince na hÉireann
IV

BREANDÁN BREATHNACH
a thiomsaigh

JACKIE SMALL
a chuir in eagar

25 June 1997

To Bettina —

With love,

Jackie Small

AN GÚM
Baile Átha Cliath

An Chéad Chló, 1996

© Rialtas na hÉireann, 1996

ISBN 1-85791-143-1

Tá na foilsitheoirí buíoch de Róisín Ní Thuama agus de Mhicheál Ó Cróinín as a gcabhair in ullmhú an leabhair seo.

Ba í Wendy Shea a rinne an pheannlíníocht den bhailitheoir.

Arna chlóbhualadh in Éirinn ag Criterion Tta.

AN GÚM
44 Sráid Uí Chonaill Uacht, Baile Átha Cliath 1.

CLÁR

RÉAMHRÁ

I mí Aibreáin na bliana 1965 aistríodh an státseirbhíseach Breandán Breathnach go hoifigiúil ón Roinn Talmhaíochta go dtí an Roinn Oideachais. Bhí an Breathnach, a rugadh i mBaile Átha Cliath, 53 bliana d'aois san am agus bhíothas tar éis cúram mór a leagan air – bailiúchán iomlán de cheol rince traidisiúnta na hÉireann a thiomsú agus a chur i riocht a fhoilsithe – cúram, mar a deireadh sé féin, a choinneodh *scriptorium* cruógach go maith. Ó na feolta go dtí na ceolta, b'fhéidir a rá, nó mar a breacadh sna nuachtáin go binn beacht é, *'from pigs to jigs.'*

Píobaire uilleann, ceoleolaí agus scoláire Gaeilge a bhí ann; ba é eagarthóir agus foilsitheoir an tréimhseacháin *Ceol* é, tréimhseachán a bhain leis an gceol traidisiúnta, agus bhí tosaithe aige cheana ar chúram seo an bhailiúcháin mar sheachobair phearsanta. Bhíodh sé ag foghlaim na píbe agus ag cur eolais ar an gceol traidisiúnta ó na 1920í sna Libirtí, an áit arb as dó, óna mhuintir féin ar dtús agus ina dhiaidh sin ó chomharsana, muintir Photts an Choma cuir i gcás. Níos déanaí ba dhuine de chomhluadar éagsúil ceoltóirí é i mBaile Átha Cliath trí chéile, Baile Átha Cliathaigh ar nós Sonny Brogan, cairdíneoir, nó ceoltóirí isteach ar nós an fhidléara John Kelly ó Chontae an Chláir. Tar éis dó Lena Donnellan, ó iarthar an Chláir, a phósadh i 1943 bhí teagmháil aige le ceoltóirí an chontae sin, an píobaire Willie Clancy ina measc.

Mar is dual do cheoltóirí, rinne Breandán bailiúchán fonn dá chuid féin i gcaitheamh na mblianta, le bheith ag tarrac as é féin, agus sna 1950í rith sé leis imleabhar a fhoilsiú a bheadh bunaithe ar a chuid ceolscríbhinní. Ó tháinig deireadh leis an Dara Cogadh Domhanda, bhí borradh faoin gceol traidisiúnta agus spéis nua á cur ann sa domhan thiar, rud a bhí fíor faoi Éirinn, leis, um an dtaca sin. An t-aos óg — go háirithe i gceantair uirbeacha — a raibh dúil acu sa cheol traidisiúnta uirlise agus gan taithí ná teacht acu go rialta ar cheoltóirí agus iad i mbun seisiún, bhí gá acu sin le cnuasaigh fhoilsithe den cheol rince. B'fhada as cló iad, áfach, cnuasaigh chlasaiceacha an Chapt. Uí Néill, Chicago, ó thús an chéid agus na bailiúcháin ó Francis Roche, Luimneach, tamall ina dhiaidh sin agus ba scáinte iad na cnuasaigh a bhí i gcló sna 1950í, cnuasaigh nár thug a cheart a bheag ná a mhór don cheol sin a raibh tóir ríméadach ag a lucht leanúna air ag fleadhanna ceoil agus ag seisiún cheoil.

Is maith a thuig Breandán an scéal nuair a chuir sé an cheolscríbhinn de bhailiúchán rangaithe de 214 fonn rince faoi bhráid An Ghúim, brainse foilseachán na Roinne Oideachais a fhoilsíonn idir cheol agus leabhair Ghaeilge. Foilsíodh an t-imleabhar faoin teideal *Ceol Rince na hÉireann* in 1963, inar aistríodh na teidil go Gaeilge agus inar tugadh nótaí staire agus ceoil, móide eolas i dtaobh na bhfoinsí. Ba ó cheoltóir is fiche a fuarthas na foinn, ar cairde le Breandán iad nó aithne aige orthu ar a laghad, agus léiriú is ea an leabhar air féin agus ar dhomhan an cheoil a chleacht sé go dtí amach sna 1950í.

Bhí rath ar an imleabhar nach bhfacthas a leithéid cheana i saol an cheoil Ghaelaigh. Bíonn ocrach craosach agus b'amhlaidh do ghlúin nua ceoltóirí é – cuid acu a d'fhoghlaim gach tiúin ann de ghlanmheabhair – agus thar dhosaen bliain go dtí gur foilsíodh an dara himleabhar sa tsraith ba é príomhfhoinse na hathbheochana ceoil é i gcian is i gcóngar. De bhrí gur tháinig na leaganacha ann go dlúth leis an traidisiún beo, d'éirigh leis an fód a sheasamh fiú in aghaidh imleabhair Uí Néill a athfhoilsíodh go tapa agus inar taifeadadh leaganacha d'fhoinn a bhí suas tarraingt ar chéad bliain roimhe sin. Sa lá atá inniu ann, breis is tríocha bliain i ndiaidh a fhoilsithe, tá imleabhar an Bhreathnaigh agus an dá imleabhar a lean é i gcló i gcónaí agus ráchairt orthu.

Chuir spéis fhollasach an phobail in ábhar dá leithéid ar chumas an Bhreathnaigh teacht ar an bpátrúnacht stáit sin ba ghá chun tabhairt faoin saothar mór bailithe agus caomhnaithe ar chuir sé tús leis laistigh den Roinn Oideachais in Aibreán na bliana 1965. Ba iad Seán Mac Gearailt, ar ball ina Rúnaí ar an Roinn Oideachais, agus an Dr Pádraig Ó hIrghile, T.D. ag an gClár agus ina Aire Oideachais, a shocraigh an t-aistriú dó ón Roinn Talmhaíochta agus a chuir na bunacmhainní ar fáil dó lena gcuirfeadh sé dlús lena shaothar as sin go ceann naoi mbliana. I mí na Samhna 1974, agus é ina státseirbhíseach i gcónaí, d'aistrigh sé go Roinn Bhéaloideas Éireann i gColáiste na hOllscoile, Baile Átha Cliath, le bheith ina Stiúrthóir ar Rannóg an Cheoil Tuaithe agus is ann a d'oibrigh sé go dtí go gairid roimh scor dó in aois 65 in Aibreán 1977. Is léir ón dara himleabhar de *Ceol Rince na hÉireann* arb é An Gúm, arís, a d'fhoilsigh, go raibh baint i bhfad níos leithne aige le ceoltóirí ó chuile chearn den tír fad is a bhí sé leis an Roinn Oideachais. Cuireadh na múrtha fáilte, leis, roimh an imleabhar sin inar cuimsíodh foinn ar nós polcaí agus sleamhnán agus traidisiúin ar nós thraidisiún na gConallach nár chuid de stór an Bhreathnaigh iad sna 1950í. I measc na gceoltóirí réigiúnacha, 81 díobh ar fad, ar tras-scríobhadh a gcuid ceoil ó théipthaifeadtaí agus a thuill pobal náisiúnta agus idirnáisiúnta don imleabhar, bhí an Ciarraíoch Denis Murphy, an Cláiríneach Micho Russell, an Luimníoch James McEnery, an Gaillimheach Aggie White agus an Conallach John Doherty.

Tar éis dó éirí as go hoifigiúil, thum an Breathnach é féin sa saothar ba bheatha dó agus leis an bhfuinneamh ba dhual dó; i measc an iliomad dualgas eile a bhí air chuir sé roimhe an tríú himleabhar de *Ceol Rince na hÉireann* a ullmhú. Chuige sin thug sé ceolscríobhán isteach ó Mheiriceá – ceolscríobhaí a bhreac síos an chéad dá imleabhar. Nuair a tuigeadh dó go mba iad na taifeadtaí fuaime príomh-mheán seachadta an cheoil thraidisiúnta ach go raibh deacrachtaí ag go leor foghlaimeoirí le luas agus le sonraí na leaganacha taifeadta sin, thug sé faoi thras-scríobh agus gluaiseanna a dhéanamh ar na foinn sna fadcheirníní agus sna caiséid den cheol traidisiúnta ab fhearr, dar leis, a raibh fáil orthu sna luathochtóidí. Foilsíodh an t-imleabhar áirithe sin in earrach na bliana 1985 agus moladh go hard é; b'in ocht mí sular cailleadh é ar an 6 Samhain.

Agus é ina ógfhear ba ar cheolscríbhinní a dhéanadh sé an ceol a thaifeadadh agus ar théipthaifeadán ríl go ríl sna 1950í sula dtras-scríobhadh sé i gceolscríbhinn é. Ba é an cur chuige a bhí aige i gcaitheamh na mblianta agus é ag bailiú faoi choimirce an stáit ná an fhoinse ábhar a thras-scríobh sa deireadh nó a chóipeáil ar shlí éigin eile – pé acu ón gceolscríbhinn é, ó mhír chlóbhuailte, ó thaifeadadh fuaime nó ó oirfideach beo – ar chárta 8" × 5" a chlóbhuailtí go speisialta dó. Is é a thug sé ar an mbailiúchán cártaí sin ná *An Cnuasacht Iomlán den Cheol Damhsa*. Faoin am a chuaigh sé ar scor i 1977 lóisteáil sé breis is 7,000 de na cártaí sin, a raibh a lánscór ag fonn amháin móide na sonraí foinse ar an gcuid is mó acu, sa Ghúm le húsáid i bhfoilseacháin amach anseo agus ar mhaithe leis an tasc ar chaith sé a shaol leis a thabhairt chun críche, is é sin caomhnú agus craobhscaoileadh cheol rince traidisiúnta na hÉireann.

Ag tarraingt as na cártaí sin a bhíothas sa cheathrú himleabhar seo de *Ceol Rince na hÉireann*, cloch eile fós ar charn an Bhreathnaigh, agus is ar a chuid prionsabal siúd a roghnaíodh an t-ábhar ann. Seanchara agus comhghleacaí ceoil an Bhreathnaigh, Jackie Small, a chuir in eagar go han-bheacht é, agus leantar formáid ghinearálta na n-imleabhar a chuaigh roimhe. Dála na n-imleabhar eile, tá aontacht agus pearsantacht shonrach ar leith ag baint leis – sa chás seo toisc gur foinn iad go léir a d'athscríobh an Breathnach ó fhoinsí ceolscríbhinní.

Ba mhaith ab eol do Bhreandán Breathnach go bhfuair sé foilsitheoir a dhiongbhála dá bhailiúcháin de cheol rince. Chruthaigh An Gúm sraith imleabhar atá neamhchostasach, galánta, soléite agus buanfasach. Leantar leis sin san uimhir nua seo agus a thuilleadh acu sa phíblíne. Táthar cruógach i gcónaí sa *scriptorium*!

Nioclás Ó Cearbhalláin
Taisce Cheol Dúchais Éireann
Baile Átha Cliath
Mí na Nollag 1996

PRÉFACE

En avril 1965 Breandán Breathnach, fonctionnaire dublinois du Ministère de l'Agriculture, fut officiellement transféré, à l'âge de 53, au Ministère de l'Education pour se charger d'une tâche à laquelle – comme il disait lui-même d'une grimace – il faudrait bien un *scriptorium* de moines, c'est à dire, de publier un recueil complet de la musique de dance traditionnelle irlandaise. Les journaux décrivirent son déplacement plus succintement: il avait passé *'from pigs to jigs'* (des cochons aux gigues).

Le Breathnach, joueur de cornemuse irlandaise, savant en musique et en gaélique, directeur et rédacteur du périodique de musique traditionnelle *Ceol* (Musique), avait commencé cet ouvrage de collection comme occupation personelle. Depuis les années 1920 il apprenait la cornemuse et la musique traditionnelle au quartier natal dès Liberties, chez soi d'abord, et chez les voisins comme la famille Potts du Coombe. Plus tard, il fit la connaissance de divers musiciens dans l'agglomération dublinoise, des dublinois comme l'accordéoniste Sonny Brogan, ou des migrateurs comme le violoniste du Clare, John Kelly. Son mariage avec Lena Donnellan de l'ouest du Clare le mit en rapport avec des musiciens au Clare même, parmi lesquels le cornemuseur Willie Clancy.

Selon la coutume des musiciens, le Breathnach avait fait au cours des années un recueil personel d'airs pour son propre usage, et aux années 1950 il eut l'idée de publier un tome tiré de ses manuscrits. L'essor et la renaissance de l'intérêt dans la musique traditionnelle qui se produisaient dans le monde occidental dès la fin de la Deuxième Guerre mondiale s'étaient manifestés déjà en Irlande. Les jeunes gens, surtout dans les zones urbaines, attirés par la musique instrumentale traditionnelle mais n'ayant pas d'accès facile aux joueurs, manquaient de recueils publiés de musique de dance. Il y avait bien longtemps que furent épuisés les recueils classiques de Francis O'Neill de Chicago, publiés au début du siècle, ainsi que ceux un peu postérieurs de Francis Roche de Limerick. En outre, tout pauvres que fussent les recueils imprimés à disposition aux années 1950 ils ne reflétaient que pâlement la richesse de la musique dans laquelle les néophytes se plongeaient en extase aux *fleadhanna ceoil* (fêtes de musique) et aux 'sessions' musicaux.

Reconnaissant ces difficultés, le Breathnach soumit le manuscrit d'un recueil classifié de 214 airs de dance à An Gúm, l'agence d'état pour la publication de matières en langue irlandaise, y compris la musique. Le tome, intitulé *Ceol Rince na hÉireann* (Musique de Dance de l'Irlande), vit le jour en 1963, avec des titres traduits en irlandais, des notes historiques et musicales, aussi bien que des renseignemens sur les sources. Le groupe de 21 musiciens desquels on prit les airs, amis ou connaissances tous du Breathnach, montre l'histoire de sa vie musicale jusqu'aux années approchant 1960.

Le succès du tome était sans précédent pour la musique irlandaise. Une nouvelle génération de musiciens instrumentaux se plongèrent dessus avidement – quelques-uns apprirent tous les airs par coeur – et pour plus de douze ans, jusqu'à la parution du second tome de la série, fut la source principale de la renaissence de la musique, en Irlande et outre-mer. Ses versions se rapprochèrent tellement à celles de la tradition active qu'elles purent tenir ferme même contre la réédition, qui ne tarda pas à paraître, des tomes de Francis O'Neill, lesquels consignèrent par écrit des versions d'airs en cours dès une centaine d'ans. Maintenant, plus de trente ans après, le tome du Breathnach et les deux suivants sont encore imprimés et demandés.

L'évident intérêt public dans une matière de ce type permit au Breathnach de s'assurer l'appui de l'état qu'il lui fallait pour entreprendre la plus grande tâche de recueil et de conservation qu'il avait commencée chez le Ministère de l'Education en avril 1965. Seán Mac Gearailt, plus tard Secrétaire du Ministère, et le Dr. Patrick Hillery, Député pour le Compté de Clare et Ministre d'Education d'alors, prirent les mesures pour le déplacer de l'Agriculture, et lui fournirent les ressources de base avec lesquelles il continua son ouvrage pendant neufs ans. En novembre 1974, tout en restant fonctionnaire, il se déplaça et devint Directeur de Musique Folk Irlandaise de la Section du Folklore Irlandais au Collège Universitaire de Dublin, jusqu'au moment presque de sa retraite à l'âge de 65, en avril 1977. Les relations beaucoup plus étendues qu'il avait avec des musiciens de tous les coins du pays pendant ses années dans l'Education se reflètent dans le second tome de *Ceol Rince na hÉireann*, encore une fois publié par An Gúm, en 1976. Ce tome, lui aussi, fut bien accueilli, grâce en grande partie à l'inclusion des airs de dance comme des polkas et des 'glissades', et des traditions comme celles du Donegal, qui ne faisait pas partie du monde du Breathnach aux années 1950. Ce tome attira l'attention d'un public national et international sur la musique, transcrite d'enregistrements sur bande, de 81 musiciens régionaux, parmi lesquels Denis Murphy du Kerry, Micho Russell du Clare, James McEnery du Limerick, Aggie White du Galway et Johnny Doherty du Donegal.

Après sa retraite officielle, le Breathnach, charactéristiquement plein d'énergie, se replongea dans le travail qui était sa vie, et parmi d'autres engagements nombreux, commença la préparation d'un troisième tome de *Ceol Rince na hÉireann*, en important dans ce but, de l'Amérique, une machine à écrire musique (la musique des deux premiers tomes fut tracée par un scribe de musique). Tout en reconnaissant que les enregistrements sonores étaient alors le moyen principal pour la transmission de la musique traditionnelle, mais que beaucoup de débutants trouvaient des difficultés avec la vitesse et le détail des versions ainsi enregistrées, il entreprit la transcription et l'annotation des airs de ce qu'il considérait les meilleurs disques et cassettes de musique traditionnelle accessible un peu après 1980. Le tome résultant, sorti au printemps de l'an 1985, huit mois avant sa mort le 6 novembre, reçut la même acclamation que les deux premiers.

Breathnach consignait la musique par écrit dans sa première jeunesse, et aux années 1950, il utilisait un 'bande-à-bande' magnétophone avant la transcription sur un manuscrit. Sa méthode pendant ses années de recueillir sous les auspices de l'état était de transcrire finalement ou de copier autrement la matière d'origine – soit d'un manuscrit, soit d'un morceau imprimé ou d'un enregistrement sonore ou d'un exécutant en direct – sur une carte de 20cm x 13cm à peu près (8 x 5 pouces) imprimée specialement pour lui. Il donna le titre *An Cnuasacht Iomlán den Cheol Damhsa* (La Collection Complète de la Musique de Dance) à sa collection de cartes. Quand il prit sa retraite en 1977, il déposa plus de 7,000 de ces cartes, la plupart comprenant un air avec partition d'orchestre et détails d'origine, au bureau de An Gúm, pour l'usage de publications futures et pour l'achèvement de la tâche à laquelle il avait consacré sa vie, celle de la conservation et la dissémination de la musique de dance traditionnelle irlandaise.

Ce quatrième tome posthume de *Ceol Rince na hÉireann* est pris de ces cartes-là. Son contenu était choisi selon les principes du Breathnach et méticuleusement préparé pour sa publication par Jackie Small, vieux ami et collègue de musique de Breandán. Ce tome suit, en général, le format des deux précédents et comme eux, il a une unité et une personnalité distincte, particulière – en ce cas-ci, parce que ce sont tous des airs que le Breathnach avait transcrit de sources manuscrites.

Comme il le savait bien, Breandán Breathnach eut de la chance avec l'éditeur qu'il trouva pour ses recueils de musique de dance. An Gúm a établi *Ceol Rince na hÉireann* comme une série de tomes peu coûteuse, élégamment lisible et durable, et ce nouveau numéro, qui sera, on espère, le premier de plusieurs, continue cette tradition. Le *scriptorium* produit toujours!

Nicholas Carolan
Irish Traditional Music Archive
Dublin
Décembre 1996

PREFACE

In April 1965 Breandán Breathnach, a 53-year-old Dublin-born civil servant of the Irish Department of Agriculture, was officially transferred to the Department of Education to undertake a task which, as he used wryly say, would occupy a *scriptorium* of monks: to make a complete collection of Irish traditional dance music for publication. The newspapers noted his move more succinctly: he had gone 'from pigs to jigs'.

Breathnach, an uilleann piper, music scholar and Irish-language scholar, editor and publisher of the traditional music periodical *Ceol,* had begun this work of collection as a personal avocation. He had been learning the pipes and traditional music since the 1920s in his native Liberties, at first from his family and from neighbours such as the Potts family of the Coombe. Later he had mixed with a wide variety of musicians in greater Dublin, natives like the accordion player Sonny Brogan, or migrants like the Clare fiddle player John Kelly. Marriage to Lena Donnellan from west Clare in 1943 brought him into contact with musicians in Clare itself, the piper Willie Clancy among them.

As musicians do, Breathnach made over the years a personal collection of tunes for his own use, and in the 1950s conceived the idea of publishing a volume drawn from his manuscripts. The rise and revival of interest in traditional music that had been occurring in the western world since the end of the Second World War had also by this time manifested itself in Ireland. Young people, in urban areas especially, who were drawn to traditional instrumental music but who had no regular first-hand access to practising musicians, were in need of published collections of dance music. The classic collections of Francis O'Neill of Chicago from early in the century, and the slightly later collections of Francis Roche of Limerick, had however long been out of print, and the few and paltry printed collections available in the 1950s only palely reflected the richness of the music that new enthusiasts were coming into ecstatic contact with at *fleadhanna ceoil* and music sessions.

Conscious of this, Breathnach submitted the manuscript of a classified collection of 214 dance tunes to An Gúm, the state agency for the publication of Irish-language materials, including music. The volume, entitled *Ceol Rince na hÉireann* (The Dance Music of Ireland), was published in 1963, with titles translated into Irish and with historical and musical notes and source information. The circle of 21 musicians from whom the tunes were taken, all friends or acquaintances, indicates the history of Breathnach's musical life until the late 1950s.

The success of the volume was unprecedented in Irish music. A new generation of instrumental musicians fell on it eagerly – some learning every tune off by heart – and for over a dozen years, until the appearance of the second volume in the series, it was the main source book of the music revival, in Ireland and overseas. The close match of its versions with those of the active tradition enabled it to hold its ground even against the quickly republished volumes of Francis O'Neill, which recorded versions of tunes current almost a century earlier. Now, over three decades on from 1963, the Breathnach volume and the two volumes which succeeded it are still in print and in demand.

The evident public interest in material of this type enabled Breathnach to secure the state patronage necessary to undertake the greater work of collection and preservation that he began within the Department of Education in April 1965. Seán Mac Gearailt, later Secretary of the Department, and Dr Patrick Hillery, TD for Clare and Minister for Education, arranged his transfer from Agriculture, and provided him with the basic resources with which he pursued his work for the next nine years. In November 1974, while remaining a civil servant, he transferred as Director of Irish Folkmusic to the Department of Irish Folklore in University College Dublin, and worked there until shortly before his retirement at the age of 65 in April 1977. The much wider acquaintance he had with musicians from all corners of the country in his years in Education is reflected in the second volume of *Ceol Rince na hÉireann,* published, again by An Gúm, in 1976. This volume too met with a warm reception, not least for the inclusion of tunes such as polkas and slides, and of traditions such as those of Donegal, which had not been part of Breathnach's world in the 1950s. Denis Murphy of Kerry, Micho Russell of Clare, James McEnery of Limerick, Aggie White of Galway and Johnny Doherty of Donegal were among the 81 regional musicians whose music, transcribed from tape recordings, the volume brought to a national and international public.

With characteristic energy, Breathnach plunged back into his life's work after his official retirement, and, among his numerous other commitments, began to prepare a third volume of *Ceol Rince na hÉireann,* importing a music typewriter from America for the purpose (the music of the first two volumes had been drawn by a music scribe). Recognising that sound recordings were now the prime medium for the transmission of traditional music, but that many learners were having difficulty with the speed and detail of the versions so recorded, he undertook the transcription and annotation of tunes from what he considered the best LPs and cassettes of traditional music available in the early 1980s. The resulting volume appeared to the now usual acclaim in the spring of 1985, some eight months before his death on 6 November.

In his early decades Breathnach had recorded music on manuscript, and in the 1950s on a reel-to-reel tape recorder before transcription to manuscript. His method during his years of collecting under state auspices was to finally transcribe or otherwise copy his source material – whether from manuscript, printed item, sound recording or live performer – onto a specially printed 8" x 5" card. The collection of cards he titled *An Cnuasacht Iomlán den Cheol Damhsa* (The Complete Collection of Irish Traditional Dance Music). At the time of his retirement in 1977, he lodged over 7,000 of these cards, most containing one tune in full score and its source details, in the offices of An Gúm, for use in future publications and for the completion of his life-long task of the preservation and dissemination of Irish traditional dance music.

This fourth, posthumous, volume of *Ceol Rince na hÉireann* is drawn from these cards. Its contents have been chosen in accordance with the Breathnach principles and meticulously edited by Jackie Small, a long-time friend and musical colleague of Breandán, and it follows the general format of the earlier volumes. Like them, it has a distinct individual unity and personality – in this case, given by having been selected entirely from tunes that Breathnach had transcribed from manuscript sources.

As he knew, Breandán Breathnach was fortunate in the publisher he found for his dance-music collections. An Gúm has established *Ceol Rince na hÉireann* as an inexpensive, handsomely legible and hard-wearing series of volumes, and this new number, which it is hoped will be the first of several, has continued the tradition. The *scriptorium* still produces!

Nicholas Carolan
Irish Traditional Music Archive
Dublin
December 1996

BROLLACH

Dírithe go príomha ar cheoltóirí traidisiúnta atá an leabhar seo – agus na himleabhair eile sa tsraith mar an gcéanna – agus tá súil agam go mbainfidh siad ceol as! Faightear ceol sna leathanaigh seo a oireann do gach uirlis sa traidisiún agus do sheinnteoir ar chuile leibhéal cumais. Gheofá foinn ann a thabharfaidh dúshlán an tseinnteora oilte, agus a thuilleadh acu nach gcuirfeadh scáth ar an tosaitheoir – bíodh sí nó sé óg nó críonna. Agus, bíodh is go mbaineann blas an-áitiúil le gach píosa ann is fada fairsing ar fud Fódla iad na foinsí. Ceol ó na ceithre cúigí atá sa leabhar seo.

Ceoltóirí traidisiúnta na hÉireann iad féin a bhreac síos an ceol an chéad lá. Agus iad ag oibriú go dian dícheallach ina gceantair féin, ba nós le ceoltóirí riamh an ceol áitiúil a bhreacadh síos agus tá an t-imleabhar seo bunaithe ar obair na mbailitheoirí sin agus ar a ngaisce nár canadh go dtí seo. Lorgaíodh a gcuid ceolscríbhinní mar chuid den fheachtas bailithe náisiúnta sna 1960í faoi Bhreandán Breathnach, an té a chuir an chéad trí imleabhar sa tsraith seo in eagar. Ba dhuine de na scríobhaithe príobháideacha seo an Breathnach féin: go deimhin, maisiú ar an leabhar seo is ea na foinn óna bhailiúchán pearsanta. Foinse an cheoil don imleabhar seo saibhreas an ollbhailiúcháin a thiomsaigh sé don stát. Breacadh síos a bhfuil anseo i gcaitheamh na tréimhse sin ó lár an naoú haois déag go dtí aimsir thionscadal bailithe an Bhreathnaigh. Is é an bailiúchán is luaithe anseo, bailiúchán Madigan, meastar, ó na 1840í agus is é an bailiúchán is déanaí ná bailiúchán Wade ó na 1960í.

Bhronn obair an Bhreathnaigh aitheantas agus bailíocht ar shaothar na gceoltóirí aonair ónar tháinig na ceolscríbhinní seo le breis is céad caoga bliain agus nach raibh á spreagadh ach an grá don cheol. Ainmnítear cuid acu anseo go poiblí don chéad uair riamh. Is suntasach, go deimhin, a bhfuil déanta ag na bailitheoirí príobháideacha seo ar son an cheoil thraidisiúnta, daoine ar nós Stephen Grier, fidléir agus píobaire ó Fharnocht, Co. Liatroma, a bhreac a chuid ceolscríbhinní sna 1880í. Óna chuid nodaireachta siúd a tháinig thart ar dhá chéad mír a bhaineann leis an mórbhailiúchán náisiúnta a thiomsaigh Breandán Breathnach agus tá ceithre mhír is trí scór acu sa leabhar seo. Is cinnte go gcaithfear é a áireamh ar dhuine de mhórbhailitheoirí an cheoil Ghaelaigh.

Agus an ceol á roghnú agam don imleabhar áirithe seo, bhí a fhios agam go raibh friotháil mhaith á déanamh ar *aficionados* an cheoil thraidisiúnta le leabhair a dhéanann doiciméadú ar na foinn rince Ghaelacha is mó a bhfuil tóir orthu. Thugas faoi thiúineanna a sholáthar nach mbeadh cur amach ag mórán orthu agus mé ag súil go gcuirfí inspioráid úr ar fáil do cheoltóirí, d'fhoghlaimeoirí, do mhúinteoirí agus do dhaltaí; agus go mbeidh na foinn á seinm arís ag ceoltóirí mar a sheinntí tráth iad i bhFear Manach nó i gCiarraí, i mBaile Átha Cliath nó i Liatroim, pé áit ina bhfuarthas an cheolscríbhinn. Nuair is fonn aitheanta é is ann dó ar chúis speisialta: is leagan neamhghnách é nó is leathnú – nó crapadh – é ar leagan seanbhunaithe. Tugtar foinn áirithe díreach mar a bhreac (nó mar a bhreacadh ó) na cumadóirí féin iad.

Is beag athrú a rinneadh ar na leaganacha a chóipeáil Breandán Breathnach ar chártaí innéacs. Cuireadh caighdéanú áirithe i bhfeidhm ar mhaithe le comhsheasmhacht agus le hinléiteacht. Dúblálann na cártaí – uaireanta trí mheán na fótachóipeála – saothar na mbun-nodairí. Faightear an-éagsúlacht i mionghnéithe ar nós mar a chuirtear figiúirí maisithe in iúl, an tríphléadach agus an rollán, abair, agus ní i gcónaí a shoiléirítear an gléaschomhartha, an t-amchomhartha, luachanna faid na nótaí, athsheinm ar chodanna den fhonn, agus mar sin de. Nuair ba ghá sin, dar liom, chuireas ar fáil ábhar stuama a chabhródh le seinnteoir an lae inniu. Má mheasas sciorradh pinn a bheith déanta ag an scríobhaí cheartaíos é sin. Chun an figiúr maisithe sin ar a dtugann ceoltóirí traidisiúnta an 'rollán' a chur in iúl leanas d'úsáid na siombaile sin a cheap an Breathnach – 'leath gealaí' – agus a d'úsáid sé in *Ceol Rince na hÉireann*, imleabhar 1 agus 3: is táscaire áisiúil é agus foilsitheoirí cheol rince na hÉireann tar éis glacadh go forleathan leis.

Fágtar faoi na ceoltóirí féin brí a bhaint as na rolláin agus as na hornáidí eile a thaispeántar sa leabhar seo. Seift rithime go príomha é an rollán a bhaineann leas as seicheamh nótaí a mheabhródh 'casadh' nó *gruppetto* an cheoil chlasaicigh duit ach nach ionann béim dóibh. An tslí is fearr chun úsáid an rolláin a fhoghlaim ná éisteacht le ceoltóirí traidisiúnta: ní leor an nodaireacht chun an rún a bhaineann leis an 'tsnaidhm' bheag rithime seo a chur in iúl agus ar sainghné de cheol rince na hÉireann é. Nuair a chuirtear rollán nó tríphléad in iúl sa leabhar seo, d'fhéadfá an rollán a sheinm mar a oireann do d'uirlis; nó tríphléad nó seift mhaisithe eile; nó, go deimhin, gan bacadh le maisiú ar bith agus ina áit sin 'an nóta fada' a sheinm. Tugtar na foinn san ord céanna, a bheag nó a mhór, is a fhaightear i gcóras innéacsaithe ceoil an Bhreathnaigh (nuair a thugtar códuimhir aitheantais do gach tiúin atá bunaithe ar na nótaí sa chéad dá bharra). Níor imíodh ón ord cruinn ach chun iompú leathanaigh i lár píosa a sheachaint.

Más chomh sonaídeach le rud iad go leor de na foinn sa leabhar seo, tá stampa an traidisiúin orthu agus má sheinntear iad sa rithim cheart dá éalaithí í agus leis an maisiú cóir, léiríonn siad bua an traidisiún atá in ann na míreanna is simplí amuigh a thiontú ina cheol fíor bheoga ach an duine ceart a bheith ina bhun san áit cheart.

Cronaímid Breandán Breathnach i dtiomsú an imleabhair seo: cronaímid an breitheamh maith fonn agus chomh géar is a thuig sé an gaol a bhí ag foinn áirithe le fine fonn, an tsárthuiscint leathan sin a bhí aige don phróiseas úd inar fhorbair ceol traidisiúnta na hÉireann – mar a thugaimid inniu air – i gcaitheamh na gcéadta, agus an léann iontach sin a chuir eolas ar fáil ina shlaodanna ar na foinn atá sna chéad trí imleabhar aige. Cúis áthais agus onóra is ea é imleabhar eile dá shaothar a chur ar fáil do lucht leanúna an cheoil thraidisiúnta in Éirinn a thug gean dó agus dá éacht ós iad oidhrí na ndaoine díograiseacha sin iad óna bhfuarthas an ceol atá sa leabhar seo.

Jackie Small

ADMHÁLACHA

Is iomaí duine a chabhraigh le hullmhú an leabhair seo, a thug uchtach, spreagadh, comhairle agus saineolas go fial. Sa chéad áit, ní mór dom buíochas ar leith a ghabháil le Caoimhín Ó Marcaigh, Eagarthóir Sinsearach, An Gúm, príomhthiománaí an tionscadail a rinne maoirseacht air óna thús agus a chuir *An Cnuasacht Iomlán den Cheol Damhsa* ar fáil le hiniúchadh; agus le Nioclás Ó Cearbhalláin, Stiúrthóir Taisce Cheol Dúchais Éireann, ar chuir a chabhair, a chomhairle agus a spreagadh an tionscadal seo ar aghaidh ag gach céim de. Ba mhaith liom fíorbhuíochas a ghabháil as ucht a gcúnaimh agus a dtacaíochta leis an Ollamh Mícheál Ó Súilleabháin agus le Paul McGettrick ag Ionad Cheol Cruinne Éireann, Ollscoil Luimnigh. Gabhaim buíochas faoi sheacht le foireann Thaisce Cheol Dúchais Éireann agus leis Na Píobairí Uilleann; agus táim faoi chomaoin, leis, ag Pat Mitchell agus ag Éamonn Ó Bróithe. Táim an-bhuíoch chomh maith de Niamh Coote, Frank Grier agus a mhuintir, Charlie Harris, John Kelly Jr., Anna agus Tim Lyons, Caoimhín Mac Aoidh, Liam McNulty, Maureen Mulvey, Tom Munnelly, John O'Loughlin, Peadar O'Loughlin, Charlie Piggot, Hugh Shields, agus Rena Small. Go gcúití Dia a saothar leo.

xiv

INTRODUCTION

Ce livre – comme les autres dans la série – vise en premier ceux qui jouent de la musique traditionnelle et j'espère qu'ils prendront plaisir à jouer les airs. On trouve ici de la musique pour tous les instruments et pour tous les musiciens quelque soit leur niveau de compétence. On trouve également des airs qui seront un défi pour le musicien experimenté et d'autres qu'un débutant pourra facilement jouer – quelque soit son âge! Et bien que tous les airs rassemblés ici soient bien marqués par leur lieu d'origine, ils viennent de tous les coins de l'île. La musique de toutes les quatres provinces est représentée dans ce livre.

La musique dans ce livre fut transcrite à l'origine par les joueurs de musique traditionnelle irlandaise eux-mêmes. Travaillant avec un très grand dévouement dans leurs propres régions, les musiciens dans le passé ont transcrit avec beaucoup de soin la musique locale et ce tome trouve son origine dans le travail de ces collectionneurs méconnus et presque anonymes. Les manuscrits furent recherchés par Breandán Breathnach dans les années soixante dans le cadre d'un programme national qui avait pour but de recueillir les manuscrits. Breandán Breathnach – le premier tome dans cette série fut publié sous sa direction – fut l'un de ces modestes scribes. En fait, beaucoup d'airs de sa collection personnelle se trouvent dans ce livre. Ce livre provient de la grande richesse de cette collection qu'il a rassemblée pour l'état irlandais. La musique présentée ici fut transcrite au cours d'une période qui va du milieu du dix-neuvième siècle jusqu'à l'époque où Breathnach recueillait les manuscrits. La collection la plus ancienne présentée ici – probablement la collection de Madigan – date des années 1840 et la collection la plus récente – la collection de Wade – date des années soixante.

Le travail de Breandán Breathnach fut la reconnaissance et la légitimation du travail des musiciens individuels qui ont écrit ces manuscrits au cours des cent cinquante dernières années – des gens dont la seule motivation fut l'amour de cette musique. Leurs noms, dans certains cas, sont rendus publics pour la première fois. La contribution faite par ces collectionneurs privés à la musique traditionnelle irlandaise est en fait très grande comme c'est le cas pour Stephen Grier, un joueur de violon et des uilleann pipes originaire de Farnaght, dans le comté de Leitrim, qui a écrit ses manuscrits dans les années 1880. Ses transcriptions ont contribué environ deux cent cinquante morceaux de musique à la grande collection nationale de Breandán Breathnach et soixante-quatre morceaux de musique à ce livre. Son nom devrait figurer certainement parmi ceux des plus grands collectionneurs de musique irlandaise.

En choisissant la musique pour ce tome, j'étais conscient que les amateurs de musique traditionnelle sont bien servis par des livres qui décrivent les airs de danse irlandais qui sont actuellement à la mode. J'ai essayé ici de présenter des airs qui sont plutôt inconnus dans l'espoir qu'ils vont inspirer de nouveau les musiciens – maîtres et élèves – et qu'ils vont circuler une nouvelle fois parmi les musiciens, tout comme ils ont circulé autrefois dans le Fermanagh, le Kerry, le Dublin ou le Leitrim. Si l'on trouve ici un air qui est connu, c'est pour une raison précise: c'est une version inhabituelle, ou il élabore ou raccourcit une version qui est déjà connue. Un certain nombre d'airs ici sont donnés tels qu'ils étaient transcrits de ou par leurs propres compositeurs.

On a modifié aussi peu que possible les versions copiées sur les fiches de Breandán Breathnach. Un certain effort de standardisation a été fait dans un souci de cohérence et de plus grande lisibilité. Les fiches reproduisent – parfois par moyen de photocopies – le travail des scribes d'origine. Il existe beaucoup de variété dans les détails comme par exemple l'expression des ornamentations tels que les triolets et les 'roulements'. Les indications sont parfois vagues en ce qui concerne la clef, l'armature et la durée des notes, si les différentes parties des airs sont répétées et ainsi de suite. Là où j'ai pensé que c'était nécessaire j'ai fourni ce qui serait utile et raisonnable pour un joueur d'aujourd'hui. Là où je trouve ce que je pense être un petit lapsus du scribe, je l'ai corrigé. Pour exprimer l'ornementation que les joueurs traditionnels appellent un 'roulement' je continue à utiliser le symbole de la 'demi-lune' conçu par Breathnach et utilisé par lui dans *Ceol Rince na hÉireann,* tomes 1 et 3. Le symbole est pratique et largement répandu chez les éditeurs de musique de danse irlandaise.

Les joueurs devraient utiliser leur propre discrétion quant à l'interprétation des 'roulement' et d'autres ornementations indiquées dans ce livre. Le 'roulement' est principalement un effet de rythme qui emploie une séquence de notes semblable au *gruppetto* de la musique classique, mais l'accent est différent. La meilleure façon d'apprendre le 'roulement' est d'écouter les musiciens traditionnels: les transcriptions n'arrivent jamais à exprimer de manière adéquate le secret de ce petit 'noeud' rythmique qui caractérise la musique de danse traditionnelle en Irlande. Là où un 'roulement' ou un triolet sont indiqués dans ce livre, on peut jouer le 'roulement' qui convient à son propre instrument ou un triolet ou une autre ornementation ou faire sans l'ornementation et jouer 'la longue note.' Les airs sont donnés à peu près dans l'ordre de leur apparition dans le système de classification de la musique de Breathnach (où l'on donne à chaque air un numéro de code basé sur les notes dans les deux premières mesures). L'ordre exact a été modifié pour éviter de tourner la page en plein milieu d'un air.

Beaucoup d'airs dans ce livre peuvent paraître très simples mais ils sont tous marqués par la tradition, et quand ils sont joués dans un lieu propice et par les joueurs sûrs avec le vrai rythme 'elusive' et embellis de manière appropriée, ils démontrent le génie de la tradition en rendant une vivacité incroyable aux morceaux de musique les plus simples.

Breandán Breathnach nous a manqué dans la préparation de ce tome; nous a manqué également son aptitude à repérer un air intéressant, sa compréhension des liens entre les airs et les groupes d'airs, ses connaissances incomparables en ce qui concerne le processus du développement de ce qu'on appelle la musique traditionnelle irlandaise au cours des siècles et l'érudition incommensurable qui fourni tant d'informations sur les airs dans ses trois premiers tomes. C'est un plaisir et un honneur de pouvoir présenter un autre tome de son ouvrage le plus populaire aux amateurs de la musique traditionnelle irlandaise, les héritiers du dévoument des gens qui se trouvent à l'origine de cette musique.

Jackie Small

REMERCIEMENTS

Je tiens à exprimer mes remerciements à tous ceux qui m'ont apporté du concours, de bons conseils et des avis autorisés au cours de la rédaction et de l'élaboration de cet ouvrage, et en particulier à Caoimhín Ó Marcaigh, rédacteur en chef chez An Gúm et instigateur du projet entier, qui a surveillé l'opération de bout en bout et qui a mis à ma libre disposition *An Cnuasacht Iomlán den Cheol Damhsa* du Breathnach. Je présente également mes remerciements à Nicholas Carolan, directeur du Irish Traditional Music Archive, pour sa longue collaboration et pour son encouragement et ses conseils lors du travail. J'apprécie profondément l'aide du professeur Mícheál Ó Súilleabháin et de Paul McGettrick du Irish World Music Centre à l'Université de Limerick. Il faut aussi remercier le personnel du Irish Traditional Music Archive; Na Píobairí Uilleann; et tout particuliérement Pat Mitchell et Éamonn Ó Bróithe. Je fais aussi mes remerciements aux personnes suivantes pour leur aide précieuse: Niamh Coote, Frank Grier et sa famille, Charlie Harris, John Kelly fils, Ben Lennon, Anna et Tim Lyons, Caoimhín Mac Aoidh, Liam McNulty, Maureen Mulvey, Tom Munnelly, John O'Loughlin, Peadar O'Loughlin, Charlie Piggott, Hugh Shields, et Rena Small.

INTRODUCTION

This book – like the others in the series – is intended primarily for traditional musicians who, I hope, will enjoy playing these tunes. There is music here which is suitable for every instrument in the tradition, and for players at every level of proficiency. There are tunes which will provide a challenge to the advanced player, and there are many which are readily playable by beginners – of any age! And, while all of the music here has a very local flavour, it comes from areas widely scattered throughout the entire island of Ireland. All four provinces are represented in this book.

The music here was written down originally by Irish traditional musicians themselves. Working with great dedication in their own areas, musicians in the past have painstakingly notated their local music, and it is from the work of these unsung and virtually unknown collectors that this volume is taken. Their manuscripts were sought as part of a national collecting campaign in the 1960s by Breandán Breathnach, the editor of the first three volumes in this series. Breathnach himself had been one of these private scribes: indeed, there are many tunes from his personal collection in this book. It is from the riches of the vast collection which he made for the Irish State that the music in this book is drawn. The music presented here was noted down over a period from about the middle of the nineteenth century until right up to the time of the Breathnach collecting project. The earliest collection represented – probably the Madigan collection – dates from the 1840s, and the latest – the Wade collection – from the 1960s.

Breandán Breathnach's work was a recognition and a validation of the work of the individual musicians who wrote these manuscripts over the last one hundred and fifty years – people whose sole motive was love of this music. Their names, in some cases, are made public here for the first time. The contributions made to Irish traditional music by these private collectors are significant indeed, as in the case of the biggest single contributor to this book, Stephen Grier, a fiddler and uilleann piper from Farnaght, Co Leitrim, who wrote his manuscripts in the 1880s. His notations have contributed about two hundred and fifty pieces to the great national collection made by Breandán Breathnach, and sixty-four pieces to this book. His name must surely merit a place among the most important collectors of Irish music.

In selecting the music for this volume, I was aware that traditional music followers are well served at the moment with books documenting the currently popular crop of Irish dance tunes. I have tried to provide tunes which will be largely unfamiliar, in the hope that they will provide fresh inspiration for musicians, learners, teachers and students; and that the tunes will once more gain currency among musicians, a currency they once had in Fermanagh, or Kerry, or Dublin, or Leitrim – wherever the manuscript was written. Where a tune given here is familiar, it is here for a special reason: it is an unusual version, or it expands – or compresses – a version already known. A number of tunes are given as written down by or from their composers.

The music has been altered as little as possible from the versions copied onto index cards by Breandán Breathnach. Some standardisation has been carried out in order to provide consistency and to aid readability. The cards duplicate – sometimes by means of photocopying – the work of the original scribes. There is much variety in such detail as how ornamental figures like triplets and rolls are expressed, and indications are sometimes vague about key signatures, time signatures, duration values of notes, whether parts of tunes are repeated, and so on. Where I thought it necessary I have supplied whatever seemed to me to be sensible, and helpful to the player of today. Where there has been what I thought to be a momentary scribal slip of the pen I have corrected it. To express the ornamental figure known to traditional players as the 'roll' I have continued to use the 'half-moon' symbol devised by Breathnach and used by him in *Ceol Rince na hÉireann,* volumes 1 and 3: it is a convenient and popular indicator which has been adopted widely by publishers of Irish dance music.

Players should use their own discretion in interpreting rolls and the other indicated ornaments given in this book. The roll is mainly a rhythmic device, employing a sequence of notes similar to that of the 'turn' or *gruppetto* in classical music, but with a quite different emphasis. The use of the roll is best learnt by listening to traditional musicians: notation cannot adequately express the secret of this little rhythmic 'knot' which is such a characteristic of Irish traditional dance music. Where a roll or triplet is indicated in this book, one could play the roll appropriate to one's instrument; or a triplet or other ornamental device; or, indeed, no ornament at all, and opt instead for 'the long note'. Tunes are given in the approximate order of their appearance in the Breandán Breathnach music indexing system (where each tune is given an identifying code number based on the notes in the first two bars). The exact order has been departed from in order to avoid page turns in mid-tune.

Transparently simple many of the tunes in this book may be, but they have the stamp of the tradition, and when played with the true but elusive rhythm which marks the traditional player and with the appropriate embellishment, they demonstrate the genius of the tradition in making from the simplest phrases music which springs to unbelievable life in the right hands and in the right setting.

We miss Breandán Breathnach in the compilation of this volume: we miss his eye for a good tune, his keen instinct for relationships between tunes and tune families, the unrivalled sweep of his understanding of the process whereby what we now call Irish traditional music has developed over a period of centuries, and the massive erudition which provided such a torrent of information on the tunes in his first three volumes. It is a pleasure and an honour to present another volume of his most popular work to lovers of the traditional music of Ireland, the inheritors of the dedication of the people gone before us who, in more difficult times, originally wrote down the music presented here.

Jackie Small

ACKNOWLEDGEMENTS

Many people have helped with their encouragement, enthusiasm, advice and expertise in the preparation of this book. In the first place, I owe particular thanks to Caoimhín Ó Marcaigh, senior editor at An Gúm, who was the prime mover of the project, who has overseen it from the beginning, and who has made Breandán Breathnach's *An Cnuasacht Iomlán den Cheol Damhsa* available for examination; and to Nicholas Carolan, director of the Irish Traditional Music Archive, whose help, advice, and encouragement have advanced the project at every step. I deeply appreciate the help and support of Professor Mícheál Ó Súilleabháin and Paul McGettrick of the Irish World Music Centre at the University of Limerick. I also owe many thanks to the staff of the Irish Traditional Music Archive and to Na Píobairí Uilleann; and special debts of gratitude to Pat Mitchell and Éamonn Ó Bróithe. I would like also to express my thanks for help received to Niamh Coote, Frank Grier and his family, Charlie Harris, John Kelly Jr., Ben Lennon, Anna and Tim Lyons, Caoimhín Mac Aoidh, Liam McNulty, Maureen Mulvey, Tom Munnelly, John O'Loughlin, Peadar O'Loughlin, Charlie Piggott, Hugh Shields, and Rena Small.

POIRT DÚBALTA

1. Gan Ainm

D.C.

2. An Bád go Béal Feirste

D.C.

3

3. Na Portáin sa Ghréiscphota

D.C.

4. Gan Ainm

D.C.

5. Gan Ainm

D.C.

6. Gan Ainm

D.S.

7. Port Bhriain Mhóir

D.C.

5

8. Rí na bPort

9. Gan Ainm

10. Leanbh Mo Chroí

D.C.

11. Gan Ainm

D.C.

12. Eitilt na Lachan Fiáine

D.C.

13. Leag an Táilliúir

D.C.

8

14. Is Olc an Ghaoth nach Séideann do Dhuine Éigin

D.C.

15. Port Bhean de Ros

D.C.

16. Port Shéamais Mhic Mhathúna

D.C.

9

17. Gan Ainm

D.C.

18. Port an tSagairt

D.C.

10

19. Buachaillí Bhaile Uí Scalaigh

D.C.

20. Gan Ainm

D.C.

21. Sméid i Leataobh Í

D.C.

22. Triall Mhic Shiacais ar Luimneach

D.C.

12

23. Gan Ainm

D.C.

24. Gan Ainm

D.C.

25. An Fhliúit Eabhair

D.C.

13

26. Cóiste Fostaithe Mhic Shiacais

D.C.

27. Gan Ainm

D.C.

28. Aoibhneas Laura

D.C.

14

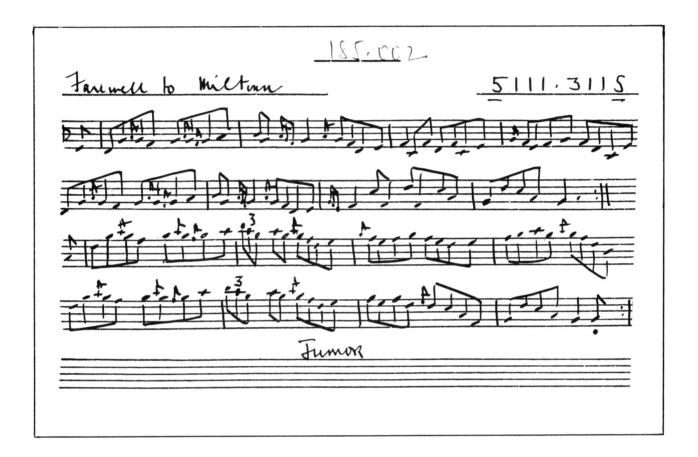

Cárta samplach, i láimh an Bhreathnaigh, as *An Cnuasacht Iomlán den Cheol Damhsa,* an bailiúchán náisiúnta ceoil a rinne Breandán Breathnach. Ar an gcárta seo tá ríl, *Farewell to Miltown,* a chum an fidléir Junior Crehan, agus a thaifead an Breathnach uaidh i Sráid na Cathrach, Co. an Chláir, Mí Lúnasa 1959.

POIRT LUASCTHA

29. Gan Ainm

D.C.

30. Port Rois

D.C.

31. Gan Ainm

D.C.

32. Cailíní Phort Láirge

D.C.

33. An tSeamróg

D.C.

34. Seo libh, a Mhná, chun Tae!

D.C.

35. Gan Ainm

D.C.

36. An Turas go Yorkshire

D.C.

20

37. Gan Ainm

D.C.

38. An Bhíomlóg

D.C.

39. Port na Buaiceála

D.C.

40. An Dochtúir Loinge

D.C.

41. Tá Seáinín i ngrá le Mailí

D.C.

42. M'anam go nDéanfad, arsa an Fidléir

D.C.

43. Caith an tSlis Léi

D.C.

44. Liom Féin Amháin Mo Bheansa

D.C.

45. Port na Mumhan

D.C.

46. Sleaschéim an *Promenade*

D.C.

47. Réiceanna Dhroim Lis

D.C.

48. Carr Cliathánach do Sheisear

D.C.

49. Ag Trasnáil na Caoile

D.C.

POIRT SHINGILE

agus

SLEAMHNÁIN

50. An Cailín Déirí

D.C.

51. Gan Ainm

D.S.

52. Gan Ainm

D.C.

53. Boic Bhaile Átha Cliath

D.C.

54. Port Mhicí Uí Mhurchú

D.C.

55. Gan Ainm

D.C.

56. Gan Ainm

D.C.

57. Gan Ainm

D.C.

58. Na Beacha sa Chrann Silíní

D.C.

59. Gan Ainm

D.C.

60. Parlús Pheait

D.C.

61. Gan Ainm

D.C.

62. An Coileach Comhraic

D.C.

63. Gan Ainm

D.C.

31

64. Port Mhig Sheanlaoich

D.C.

65. Bóthar na gCloch

D.C.

66. An Uile-Íoc

D.C.

67. Stróic ina Ghiobail É

D.C.

68. Básaítear na Lachain Lá Nollag

D.C.

33

69. Gan Ainm

D.C.

70. Gan Ainm

D.C.

71. Gan Ainm

D.C.

72. Croith na Piseanna

D.C.

73. Port Shéamais Mhig Fhionnáin

D.C.

74. Mailí ón Longfort

D.C.

Cárta samplach, i láimh an Bhreathnaigh, as *An Cnuasacht Iomlán den Cheol Damhsa,* an bailiúchán náisiúnta ceoil a rinne Breandán Breathnach. Ar an gcárta seo tá polca a fuair an Breathnach i lámhscríbhinn a scríobh T. J. Quinn in Oileán an Ghuail, Co. Thír Eoghain, i mí Feabhra, 1946.

POLCAÍ

75. Gan Ainm

D.C.

76. Gan Ainm

D.S.

77. Brúigh Isteach liom, a Shiobháinín

D.S.

78. Gan Ainm

D.S.

79. Gan Ainm

D.S.

80. Gan Ainm

D.S.

81. Gan Ainm

D.C.

82. De Bharr na gCnoc is in Imigéin

D.C.

83. Gan Ainm

D.S.

84. Gan Ainm

D.C.

85. Gan Ainm

D.C.

86. Gan Ainm

D.S.

87. Gan Ainm

88. Polca mo Mháithrín

89. Gan Ainm

90. Gan Ainm

D.C.

91. Gan Ainm

D.C.

92. Gan Ainm

D.C.

93. Gan Ainm

D.C.

RÍLEANNA

94. An Buachaill sa Chrann

D.C.

95. Tae Glas

D.C.

96. Gan Ainm

D.C.

51

97. Cat na Crimlinne

D.C.

98. Mairéad Nic Shiacais

D.C.

99. Iníon Uí Chasaide

52

D.C.

100. Na Maolaitheoirí

D.C.

101. Gan Ainm

D.C.

102. Teachíní Ghort na gCloch

D.C.

103. Dul Faoi na Gréine

D.S.

104. Cuimhní ar an gCeis

D.C.

105. Peata Mhamaí

D.C.

106. Timpeall an tSeomra

D.C.

107. Ríl Uí Bhógáin

D.S.

108. Peaidí a' Chláir

D.C.

109. Slán leis an bhFraoch

D.C.

110. Gearrchaile an tSabhaircín

D.C.

111. Gan Ainm

D.S.

112. Ríl Chiarraí

D.C.

113. An Bóthar Nua

D.C.

58

114. An Líon faoi Bhláth

D.C.

115. Ríl Nua Iníon Mhic Leoid

D.C.

116. Tá Jeaic Beo

D.C.

117. Aimsir Aerach na Cásca

D.C.

118. Pléaráca Eadarnaí

D.C.

119. Ríl an Mháistir Mhic Dhiarmada

D.C.

120. Aisling Mháire

D.C.

121. Teach Bhaile an Chuain

D.C.

122. An Saol ar Fad i nGrá Liom

D.S.

123. Teach Annesbrook

D.C.

124. Gan Ainm

D.S.

125. Spéirbhean an Locha

D.C.

126. Gan Ainm

D.C.

127. Ríl an Tiarna Banff

D.C.

128. Iníon Uí Choiligh

D.C.

129. An Bóthar Iarainn

D.C.

130. Ríl Chaoimhín Uí Mhathúna

D.C.

131. Ríl Thiarna Dhroim an Fhiolair

D.C.

132. Duilliúr an Fhómhair

D.C.

133(i). Ríl Uí Chatháin

D.C.

133(ii). Colún Nelson

D.C.

134. An Tuíodóir Aerach

D.C.

66

135. Tabhair Amach agus Taispeáin don Saol Í

D.C.

136. Siamsaíocht an Rianaigh

D.C.

137. Ríl an Bháicéara

D.C.

138. Mailí Nig Uidhir

D.C.

139. Gan Ainm

D.S.

140. Gan Ainm

D.C.

141. Gan Ainm

D.C.

142. Seán Ó Comhaltáin

D.C.

143. Meaigí Shámhánta

D.C.

144. Ríl Leaicí

D.C.

145. Ríl an Tincéara

D.S.

146. Gan Ainm

D.C.

147. An Bairille Braiche

D.C.

71

148. Ríl Uí Sheachnasaigh

D.C.

149. Ríl Dharach

D.C.

150. Clogra Ledlow

D.C.

151. Ríl Thaimí Mhic Giolla Dhuinn

D.C.

152. Gearrchailí Bhaile na Leargadh

D.C.

153. Ríl Iníon de Buitléir

D.C.

154. Gan Ainm

D.C.

155. Peaidí Spórtúil

D.C.

156. Ríl Newpuck

D.C.

157. Gan Ainm

D.C.

158. Gan Ainm

D.S.

159. Buachaillí Meidhreacha Bhaile Fhobhair

D.S.

160. Ríl an Ghlaslocha

D.C.

161. Gan Ainm

D.S.

162. Gan Ainm

D.S.

163. Rogha Sheáin Uí Cheallaigh

D.C.

164. Ríl an Doire Mhóir

D.C.

165. Na Pantalúin Ghorma

D.C.

166. An Chloch Aoil

D.C.

78

167. Sméideadh na Meidhre Maisí

D.C.

168. Gearrchailí Luimnigh

D.C.

169. Ainnir an Ghleanna

D.C.

170. Áine Mhaiseach

D.S.

171. Ríl Uí Dhufaigh

D.C.

172. Iníon Mhic Aonghusa

D.C.

173. Camchuairt an Chonnachtaigh

D.S.

174. Ríl Uí Chonaill

D.S.

175. Gan Ainm

D.C.

176. Is Álainn go Deo mo Ghrása

D.C.

177. An Fiaire Feá

D.C.

178. Ríl an Tí-Rí

179. Gan Ainm

180. Bóthar Chluain Meala

181. Ríl Mhic Chárthaigh

D.C.

182. Ríl Uí Raghallaigh

D.S.

183. Gan Ainm

184. An Tiarna Mac Dónaill

185. Óinsiúlacht Shinéad

186. Ealaín an Tincéara

D.C.

187. Mórthimpeall an Domhain

188. Ríl Sheáin Potts

189. Peata Mhamaí

D.C.

190. Gan Ainm

D.C.

191. An Duilleog Bhán

88

192. Práiscín an Tincéara

193. Gan Ainm

194. Ríl Mhig Eochaín

D.C.

195. Geataí Móra Annesbrook

D.C.

196. Gearrchailí Naomh Barra

D.S.

197. Mo Ghrása idir Dhá Rós

D.C.

198. Gan Ainm

D.C.

199. Gan Ainm

D.S.

200. Teach Ashmolean

201. Sráid Bolton

202. Gearrchailí Thír na Sceach

203. Ríl Uí Fhriseal

204. Tabhair Casadh sa Luachair Di

205. Ansacht Uí Dhúgáin

206. Rogha an Phíobaire

D.C.

207. Rogha an Chollóra

D.C.

208. Ríl an Stáitse

94

D.C.

209. Gan Ainm

D.C.

CORNPHÍOPAÍ

210. Gan Ainm

D.C.

211. Gan Ainm

D.C.

212. Cornphíopa Thomáis

D.C.

213. An Mhaidhdeog

D.S.

214. Gan Ainm

D.C.

215. Cornphíopa Uí Loingsigh

D.C.

216. Gan Ainm

D.C.

217. Cornphíopa Ghréagóra

D.C.

218. Gan Ainm

D.C.

219. Gan Ainm

D.C.

220. Gan Ainm

D.C.

221. Cornphíopa na Lorgan

D.C.

222. Gan Ainm

D.C.

223. Gan Ainm

224. Gan Ainm

225. Gan Ainm

D.C.

NÓTAÍ
i dtaobh na bhfonn

1. **Gan Ainm:** *Anon.* [Grier III, lch 35]. Ba é Stephen Grier, fidléir agus píobaire, Farnocht, Co. Liatroma, a scríobh an ls. thábhachtach seo sna blianta 1882 & 1883. Is ó John Flynn, Droim Lis, Co. an Longfoirt, a fuair Breathnach ar iasacht í.

2. **An Bád go Béal Feirste:** *The Belfast Boat* [Breathnach II, lch 28]. Is ó chnuasach príobháideach a rinne Breandán Breathnach a tógadh na foinn ar fad a bhfuil a ainm luaite leo anseo.

3. **Na Portáin sa Ghréiscphota:** *Crabs in the Greasepot* [Grier III, lch 35].

4. **Gan Ainm:** *Anon.* [Grier III, lch 69].

5. **Gan Ainm:** *Anon.* [Grier III, lch 47].

6. **Gan Ainm:** *Anon.* [Breathnach II, lch 12]. Nóta leis: 'As ls. le Pádraig Ó Caoimh ó D. Ó Cróinín.' Tá ceol Phádraig le fáil anois ar dhlúthdhiosca ó RTÉ, *The Sliabh Luachra Fiddle Master Pádraig O'Keeffe* (RTÉ, CD174), agus tá súil go gairid le heagrán dá chuid ceoil ón riar mór lámhscríbhinní a scríobh sé dá chuid daltaí ar an bhfidil. Ba fidléir ó Bhaile Bhuirne, Co. Chorcaí, é Donncha Ó Cróinín a d'aistrigh go Baile Átha Cliath. Ba chara agus comharsa le Breathnach é, agus duine de na ceoltóirí a chuir foinn ar fáil do *CRÉ*.

7. **Port Bhriain Mhóir:** *Big Barney's Jig* [Breathnach II, lch 27].

8. **Rí na bPort:** *The King of Jigs* [Breathnach II, lch 41]. Ceithre pháirt sa leagan seo. Dhá pháirt sa leagan in *O'FPC* agus *Goodman* (II, lch 35) faoin teideal *The Happy Mistake*. Ag O'Neill agus dhá pháirt ann: *Miss Monroe (DMI, 198 & MI, 982);* an dara teideal aige air *(IM, 137), Mrs Spens Monroe*. Port Albanach ó thús.

9. **Gan Ainm:** *Anon.* [Grier III, lch 37].

10. **Leanbh mo Chroí:** *Lanamacree* [Grier III, lch 44]. Ainmneacha eile ar seo *Jackson's Babes* agus *The Rose in Full Bloom*.

11. **Gan Ainm:** *Anon.* [Grier III, lch 65].

12. **Eitilt na Lachan Fiáine:** *The Wild Duck's Flight* [Donnelly II]. Ba é James McMahon, ceoltóir ó Cho. Fhear Manach, a chum é seo. Ba é Liam Donnelly an scríobhaí, fidléir a rugadh i gCo. Thír Eoghain agus a chuidigh go mór le Breandán Breathnach ina chuid oibre ag bailiú ceol damhsa. Chaith Donnelly a shaol oibre i mBéal Feirste, agus bhí sé ina chónaí i gCo. Aontroma ag am a bháis i 1992.

13. **Leag an Táilliúir:** *Tumble the Tailor* [Breathnach II, lch 29].

14. **Is Olc an Ghaoth nach Séideann do Dhuine Éigin:** *It is an Ill Wind that Blows Nobody Good* [Grier III, lch 67].

15. **Port Bhean de Ros:** *Mrs Ross's Jig* [Breathnach II, lch 27].

16. **Port Shéamais Mhic Mhathúna:** *James McMahon's Jig* [Donnelly II]. Ba é James McMahon, Co. Fhear Manach, a chum é seo.

17. **Gan Ainm:** *Anon.* [Grier III, lch 30]. Tugtar *The Humours of Strand Road* ar leagan de seo. Chuirfeadh sé *The Top of Cork Road* nó *Father O'Flynn* (DMI, 244) i gcuimhne duit in áiteanna.

18. **Port an tSagairt:** [Ls anaitheanta]. Leagan de *Happy to Meet and Sorry to Part* (DMI, 78).

19. **Buachaillí Bhaile Uí Scalaigh:** *The Boys of Ballyscally* [Bogue IV, 49].

20. **Gan Ainm:** *Anon.* [Grier III, lch 30]. Port simplí gealgháireach a d'fheilfeadh go deas do thosaitheoirí.

21. **Sméid i Leataobh Í:** *Wink Her Aside* [Gunn].

22. **Triall Mhic Shiacais ar Luimneach:** *Jackson's Walk to Limerick* [Gunn]. I measc na bport a bhfuil gaol acu leis seo tá *The Geese in the Bogs (DMI, 279), Morrison's Fancy (WSGM, 197)* nó *The Castlebar Races* mar is fearr aithne anois air, agus 'Nóra Chríonna' *(DMWC, 152).* An fonn seo gan ach an chéad dá chuid ann mar *The Humours of Glin* i *PTT,* uimhir 52. Tá liosta de dhosaen teideal ar an bport seo ag Breathnach ina alt *Piper Jackson (Éigse Cheol Tíre 2,* 1976: athchló air i *The Man & His Music: An Anthology of the Writings of Breandán Breathnach,* Na Píobairí Uilleann, 1996).

23. **Gan Ainm:** *Anon.* [Reid]. As ls. a fuair Breathnach ó Sheán Reid agus a scríobh an Bráthair Gildas Ó Sé (1882–1960), píobaire ó Bhaile an Sceilg, Co. Chiarraí. Múinteoir scoile, ball den ord De La Salle ab ea Gildas, dlúthchara le Seán Reid ar sheoil sé go leor seancheoil chuige. Bhí aithne ag Breandán Breathnach ina óige ar an mBráthair Gildas: cúntas scríofa ag Breathnach faoi ina alt *The Pipers of Kerry (Éigse Cheol Tíre 4,* 1985: athchló air i *The Man & His Music:* féach uimhir 22).

24. **Gan Ainm:** *Anon.* [Grier III, lch 37].

25. **An Fhliúit Eabhair:** *The Ivory Flute* [Donnelly II]. Ba é James McMahon, Co. Fhear Manach, a chum é seo.

26. **Cóiste Fostaithe Mhic Shiacais:** *Jackson's Post-Chaise* [Gunn].

27. **Gan Ainm:** *Anon.* [Grier III, lch 42]. *Brosnahan's Frolick* air i gCo. Chiarraí.

28. **Aoibhneas Laura:** *Laura's Delight* [Donnelly II]. Ba é James McMahon, Co. Fhear Manach, a chum é seo.

29. **Gan Ainm:** *Anon.* [Grier III, lch 34/35].

30. **Port Rois:** *Portrush* [Bogue IV, lch 35].

31. **Gan Ainm:** *Anon.* [Grier I, lch 28].

32. **Cailíní Phort Láirge:** *Waterford Girls* [Bogue IV, lch 35]. Gaol aige sa chéad pháirt le *The Sail around the Rocks (FC,* 25).

33. **An tSeamróg:** *The Shamrock* [Bogue IV, lch 33]. Gaol aige le huimh. 32.

34. **Seo libh, a Mhná, chun Tae!** *Ladies, Step up to Tea!* [Grier IV, lch 36].

35. **Gan Ainm:** *Anon.* [Grier III, lch 40]. *Quick step* air sa ls.

36. **An Turas go Yorkshire:** *Yorkshire Trip* [Ls anaitheanta].

37. **Gan Ainm:** *Anon.* [Grier III, lch 44]. *Up wi't Ailly Now (Aird 1,* lch 47). Ainm eile air *The Irish Frolick.*

38. **An Bhíomlóg:** *Gimblet* [Ls anaitheanta]. Idem in *WCCD* III, lch 20.

39. **Port na Buaiceála:** *The Swaggering Jig* [Breathnach II, 328]. Is minic an t-ainm seo ar phort ach, chomh fada le m'eolas, ní hionann an port seo agus ceann ar bith a bhfuil an t-ainm céanna leis dá bhfuil i gcló faoi láthair. Gaol aige sa chéad pháirt le huimhir 47 anseo, *The Rakes of Drumlish.*

40. **An Dochtúir Loinge:** *The Ship Doctor* [Breathnach].

41. **Tá Seáinín i ngrá le Mailí:** *Johnny Loves Molly* [Breathnach I, 190]. Nóta leis seo ag Breathnach a deir gur i ls. a scríobh Wm. Jos. King idir 1860 agus 1880 a fuair sé é.

42. **M'anam go nDéanfad, arsa an Fidléir:** *O Faith Then I Will, Says the Fiddler* [Grier IV, lch 61].

43. **Caith an tSlis Léi:** *Throw the Beetle at Her* [Grier IV, lch 33].

44. **Liom Féin Amháin mo Bheansa:** *My Wife's My Own* [Grier IV, lch 32]. Ní hionann é seo agus an port *I Have a Wife of my Own* i *DMI*.

45. **Port na Mumhan:** *The Munster Jig* [Grier III, lch 130].

46. **Sleaschéim an *Promenade*:** *Promenade* [Breathnach II, lch 3]. Deir nóta leis seo sa ls., *'Ml. Coleman who danced as he played this tune. Wm. Clancy 4/2/'57'*. Níl sé le fáil ar thaifead ar bith a rinne an fidléir Michael Coleman (1891–1945), áfach. Scríobh Breathnach an port isteach ina ls. féin ó ls. a fuair sé ó Sheán Reid (1907–1978), a mhair in Inis, Co. an Chláir, ach a rugadh i gCaisleán na Finne i gCo. Thír Chonaill. Píobaire agus fidléir ba ea Seán Reid a chasadh an pianó leis an mbanna céilí clúiteach a bhí, agus atá, ar an Tulach i gCo. an Chláir. Is é an píobaire Willie Clancy atá i gceist sa tagairt. Tá an port seo ar cheirnín, *Irish Jigs, Reels & Hornpipes (Folkways* FP6819), a eisíodh i lár na 1950í, mar *Promenade Side-Step:* ba é Mícheál Gorman – sárfhidléir ó Cho. Shligigh a chaith a shaol i Londain – an ceoltóir: tá Willie Clancy mar chomh-cheoltóir ar an gceirnín sin, a d'atheisigh *Topic Records* i Londain timpeall 1958. Bhí an múinteoir ceoil céanna ag Coleman agus ag Gorman i gCo. Shligigh, an fidléir James Gannon. Tá an port álainn seo le fáil ar go leor eisiúintí, ina measc fadcheirnín le Kevin Burke agus Mícheál Ó Domhnaill, *Promenade* (LUN 028, Mulligan 1979; atheisithe ar dhlúthdhiosca LUNCD 028).

47. **Réiceanna Dhroim Lis:** *The Rakes of Drumlish* [Grier III, lch 34].

48. **Carr Cliathánach do Sheisear:** *Jaunting Car for Six* [Bogue IV, lch 34]. Ainm eile air seo *Follow Her over the Border*. Gaol aige le *Drops of Brandy*.

49. **Ag Trasnáil na Caoile:** *Crossing the Channel* [Bogue IV, lch 36].

50. **An Cailín Déirí:** *The Dairy Maid* [Grier IV, lch 11]. Port singil. Ní hionann an port seo agus an ceann a bhfuil an teideal céanna air i *MI*.

51. **Gan Ainm:** *Anon.* [Breathnach II, lch 89]. Sleamhnán é seo. Scríobh Breathnach an fonn seo – agus na foinn ar fad thíos a bhfuil ainm Collins luaite leo – isteach ina ls. féin ó ls. a scríobh nó a bhí i seilbh David Collins, Mainistir na Féile, Co. Luimnigh, agus a fuair Breathnach ó Thomás Bairéad, fidléir ó Lios Tuathail, Co. Chiarraí, a bhí ar dhuine de na ceoltóirí a chuir foinn ar fáil do *CRÉ II*.

52. **Gan Ainm:** *Anon.* [Grier IV, lch 37]. Port singil.

53. **Boic Bhaile Átha Cliath:** *The Bucks of Dublin* [Bogue IV, lch 51]. Port singil.

54. **Port Mhicí Uí Mhurchú:** *Mickie Murphy's Jig* [Breathnach II, lch 27]. Port singil. Gaol aige le *Yellow John (MI,* 1832 & 1833); 'Seán Buí' i *DMWC, 35.*

55. **Gan Ainm:** *Anon.* [Breathnach II, lch 94]. Sleamhnán é seo, ó ls. David Collins ar dtús. Féach uimhir 51.

56. **Gan Ainm:** *Anon.* [Breathnach II, lch 93]. Sleamhnán é seo, ó ls. David Collins ar dtús. Féach uimhir 51. Gaol aige le ' 'Chailleach, do Mhairís Mé' (*DMWC,* 49).

57. **Gan Ainm:** *Anon.* [Grier III, lch 63]. Port singil.

58. **Na Beacha sa Chrann Silíní:** *Bees in the Cherry Tree* [Donnelly II]. Port singil. Ó James McMahon, Co. Fhear Manach, an fonn seo.

59. **Gan Ainm:** *Anon.* [Breathnach II, lch 12]. Port singil. As ls. a fuair Breathnach ó Sheán Reid é seo ar dtús. Nóta leis: *'From Wm. Clancy 11/1/'57 who got it from Jn. Potts who got it from Tom Rowsome.'* Ba phíobairí iad uile na ceoltóirí sin, ar ndóigh.

60. **Parlús Pheait:** *Pat's Parlour* [Breathnach II, lch 28]. Port singil. Ainm eile air *Green Jerseys.* Gaol aige le *The Auld Inn* (*Kerr IV,* lch 28).

61. **Gan Ainm:** *Anon.* [Breathnach II, lch 93]. Sleamhnán é seo, ó ls. David Collins ar dtús. Féach uimhir 51. Bhíodh leagan de seo ag Bridgie Murphy, fidléir, ball de theaghlach cáiliúil ceoil i Sliabh Luachra agus deirfiúir le Denis Murphy agus Julia Clifford. Castar mar pholca freisin é.

62. **An Coileach Comhraic:** *The Game Cock* [Breathnach II, lch 90]. Sleamhnán é seo, ó ls. David Collins ar dtús; gan ainm sa ls. Féach uimhir 51. Mar shraithspé, *Captain Francis Wemyss* (*Kerr III,* lch 3). *The Game Cock* air mar ríl in *RMC:* uaidh sin an t-ainm anseo. Ainm eile air *Those Evening Bells Reel.* Gaol aige le *The Western Lasses* (*DMI,* 765). Castar mar ríl é i Sliabh Luachra: thaifead Breandán Breathnach é ón bhfidléir Seán Ó Conaill (Jack Connell, nó Jack the Lighthouse, mar a b'fhearr aithne air, ón mbaile fearainn inar chónaigh sé). Chum Jackie Daly, an cairdíneoir clúiteach ó Cheann Toirc i gCo. Chorcaí, páirt breise dó: *The Bog Carrot* a thugann sé ar an ríl iomlán, atá curtha ar cheirnín aige *(Buttons and Bows: Green Linnet* SIF 1051; anois ar dhlúthdhiosca GLCD 1051).

63. **Gan Ainm:** *Anon.* [Breathnach II, 96]. Port singil. Ón gcairdíneoir James Gannon, ó Bhaile an tSrutháin, Co. na hIarmhí, a fuair Breathnach é seo.

64. **Port Mhig Sheanlaoich:** *Ganley's Jig* [Bogue III, lch 210]. Port singil. Gan ainm i ls. Bogue; an t-ainm ó thaifead a rinne Tommy Hunt de na deartháireacha Labhrás agus Mícheál Sheosaimh Mac Donncha, fliúit agus fidil, Béal an Átha Fada, Co. Shligigh.

65. **Bóthar na gCloch:** *Stony Batter* [Grier IV, lch 44]. Port singil.

66. **An Uile-Íoc:** *The Perfect Cure* [Breathnach II, lch 96]. Port singil eile ón gcairdíneoir James Gannon (féach uimhir 63). Faoin ainm céanna i *Westrop,* lch. 6. *The Perfect Cure (The Long Dance)* air i *FTB,* lch 46. Mar shleamhnán i gCiarraí: gan ainm ó Sheán Ó Duinnshléibhe, mileoidean, ar an dlúthdhiosca 'Beauty an Oileáin: *Music and Song of the Blasket Islands'* (Ceirníní Cladaigh, CC56CD, traic 8b). Ainm eile air *Long John's Wedding.*

67. **Stróic ina Ghiobail É:** *Tear It to Rags* [Grier IV, lch 33]. Port singil.

68. **Básaítear na Lachain Lá Nollag:** *The Ducks Die on Christmas Day* [Bogue III, lch 210]. Port singil le haghaidh cuadraille. Bhíodh leagan de seo ag an bhfeadánaí Micho Russell i gCo. an Chláir a dtugadh sé *Cudreel* air.

69. **Gan Ainm:** *Anon.* [Breathnach II, lch 95]. Sleamhnán é seo, ó ls. David Collins ar dtús. Féach uimhir 51.

70. **Gan Ainm:** *Anon.* [Grier IV, 34]. Port singil.

71. **Gan Ainm:** *Anon.* [Breathnach II, lch 95]. Sleamhnán é seo, ó ls. David Collins ar dtús. Féach uimhir 51.

72. **Croith na Piseanna:** *Rattle the Peas* [Grier IV, lch 7]. Port singil.

73. **Port Shéamais Mhig Fhionnáin:** *James Gannon's* [Breathnach II, lch 86]. Port singil eile ón gcairdíneoir (féach uimhir 63).

74. **Mailí ón Longfort:** *Molly from Longford* [Reid]. Port singil, gan ainm sa ls. Ón mBráthair Gildas é seo; féach an nóta ar Ghildas faoi uimhir 23 thuas. Tá nóta leis an bport seo a deir gurb ó O'Mealy a fuair Gildas é. Píobaire agus fear déanta píob ba ea Richard Lewis O'Mealy (1875–1946), a rugadh i gCo. na hIarmhí agus a d'aistrigh go Baile Átha Cliath, Corcaigh, agus Béal Feirste i rith a shaoil. Tá an port i gcló i nuachtlitir Na bPíobairí Uilleann, *An Píobaire,* sraith 2, uimhir 2; eolas níos leithne air mar ríl, *Molly from Longford,* a chasadh an píobaire Patsy Touhey (1865–1923); an ríl sin i gcló ag O'Neill (*WSGM,* 308) ó ls. le Touhey, agus in *PPT,* 7, ó thaifead a rinne an sárphíobaire. Rugadh Touhey gar do Bhaile Locha Riach, Co. na Gaillimhe: chaith sé formhór a shaoil i Meiriceá. Leagan eile den phort seo mar ríl, *Pay the Girl Her Fourpence* (*DMI,* 804).

75. Gan Ainm: *Anon.* [Breathnach II, lch 90]. Scríobh Breathnach é seo isteach ina ls. féin ó ls. David Collins 7/9/1958, mar aon leis na polcaí ar fad anseo seachas uimhir 92. Féach uimhir 51.

76. Gan Ainm: *Anon.* [Breathnach II, lch 88]. Ó ls. David Collins ar dtús. Féach uimh. 75 & 51.

77. Brúigh Isteach liom, a Shiobháinín: *Shove into Me, Siobháinín* [Breathnach II, lch 91]. Ó ls. David Collins ar dtús. Féach uimh. 75 & 51.

78. Gan Ainm: *Anon.* [Breathnach II, lch 93]. Ó ls. David Collins ar dtús. Féach uimh. 75 & 51. Gaol aige leis an bhfonn *Downey*, a chasann an cairdíneoir Breanndán Ó Beaglaoich, ó Chorca Dhuibhne, i gCo. Chiarraí, ar a chaiséad 'Seana Choirce' (Gael-linn CEFC 123).

79. Gan Ainm: *Anon.* [Breathnach II, lch 94]. Ó ls. David Collins ar dtús. Féach uimh. 75 & 51.

80. Gan Ainm: *Anon.* [Breathnach II, lch 89]. Ó ls. David Collins ar dtús. Féach uimh. 75 & 51.

81. Gan Ainm: *Anon.* [Breathnach II, lch 88]. Ó ls. David Collins ar dtús. Féach uimh. 75 & 51.

82. De Bharr na gCnoc is in Imigéin: *Over the Hills and Far Away* [Breathnach II, lch 88]. Ó ls. David Collins ar dtús. Féach uimh. 75 & 51. Gan ainm sa ls. An t-ainm Béarla anseo ó amhrán a chasadh Anna Lyons (Baile Átha Cliath) mar pháiste agus an fonn seo leis:

> *When I was young I had no sense,*
> *I bought me a fiddle for eighteen pence.*
> *And the only tune that it would play*
> *Was 'Over the Hills and Far Away'.*

I Northumbria mar fhonn amhráin *Wee Geordie has Lost his Plinker.* (Mirlín atá i gceist le *plinker*). Fonn simplí ceolmhar é seo a d'fheilfeadh go maith do thosaitheoirí.

83. Gan Ainm: *Anon.* [Breathnach II, lch 89]. Ó ls. David Collins ar dtús. Féach uimh. 75 & 51. Gaol aige le fonn an amhráin *Finnegan's Wake.*

84. Gan Ainm: *Anon.* [Breathnach II, lch 91]. Ó ls. David Collins ar dtús. Féach uimh. 75 & 51.

85. Gan Ainm: *Anon.* [Breathnach II, lch 93]. Ó ls. David Collins ar dtús. Féach uimh. 75 & 51.

86. Gan Ainm: *Anon.* [Breathnach II, lch 88]. Ó ls. David Collins ar dtús. Féach uimh. 75 & 51.

87. Gan Ainm: *Anon.* [Breathnach II, lch 92]. Ó ls. David Collins ar dtús. Féach uimh. 75 & 51. I ls. ó Cho. Chiarraí mar *'A Sett of Quadrills – No 2.'*

88. Polca mo Mháithrín: *Mamma's Polka* [Breathnach II, lch 91]. Ó ls. David Collins ar dtús. Féach uimh. 75 & 51. Gan ainm sa ls.: an t-ainm Béarla atá anseo ó ls. ó Cho. Chorcaí.

89. Gan Ainm: *Anon.* [Breathnach II, lch 88]. Ó ls. David Collins ar dtús. Féach uimh. 75 & 51.

90. Gan Ainm: *Anon.* [Breathnach II, lch 92]. Ó ls. David Collins ar dtús. Féach uimh. 75 & 51.

91. Gan Ainm: *Anon.* [Breathnach II, lch 93]. Ó ls. David Collins ar dtús. Féach uimh. 75 & 51.

92. Gan Ainm: *Anon.* [Grier]. I ls. ó Cho. na hIarmhí mar *Osborn Quadrilles – No 5.*

93. Gan Ainm: *Anon.* [Breathnach II, lch 92]. Ó ls. David Collins ar dtús. Féach uimh. 75 & 51.

94. An Buachaill sa Chrann: *The Boy in the Tree* [Wade]. Píobaire ab ea Jack Wade (1913–1967) a rugadh i mBaile Átha Cliath, a chaith a óige i dtuaisceart Co. Bhaile Átha Cliath agus i gCo. na Mí, agus a bhí ina chónaí i gCluain Eois, Co. Mhuineacháin, nuair a maraíodh é i dtimpiste gluaisteáin. Nóta leis an bhfonn seo, *'Pat Carney, Longford.'*

95. Tae Glas: *Green Tea* [Breathnach III/ Bogue]. Tagann an fonn seo agus an chuid eile a bhfuil an fhoinse seo luaite leo ó chóipeanna a rinne Breandán Breathnach ina ls. féin d'fhoinn i ls. le Bogue.

96. Gan Ainm: *Anon.* [Grier II, lch 56].

97. Cat na Crimlinne: *The Crimlin Cat* [Donnelly II]. Ón bhfidléir William Jones, Co. Fhear Manach.

98. Mairéad Nic Shiacais: *Margot Jackson* [Wade]. Tá nóta leis an bhfonn seo a deir gur ó Owen McCague, ceoltóir ó Cho. Fhear Manach, a fuair Jack Wade é.

99. Iníon Uí Chasaide: *Miss Cassidy* [Donnelly II]. Ó James McMahon, Co. Fhear Manach.

100. Na Maolaitheoirí: *The Dimmers* [Grier II, lch 38].

101. Gan Ainm: *Anon.* [Wade]. Gaol aige le *A Fair Wind to Greenland* (*Kerr IV,* lch 5).

102. Teachíní Ghort na gCloch: *The Rockfield Cottages* [Grier II, lch 41]. Tagairt d'áit an-ghar do theach Grier – 'Newpark', i nGort Leitreach, Farnocht, Co. Liatroma – atá anseo.

103. Dul Faoi na Gréine: *The Setting of the Sun* [Sheahan].

104. Cuimhní ar an gCeis: *Memories of Kesh* [Donnelly II]. Ón bhfidléir William Jones, Co. Fhear Manach.

105. Peata Mhamaí: *Mammy's Pet* [Breathnach III/ Bogue]. Féach uimhir 95. Ní hionann é seo agus uimhir 189 – a bhfuil an teideal céanna air – cé go bhféadfaí a rá go bhfuil gaol éigin eatarthu. Aithnítear an ríl seo anois mar *The Lilies in the Field,* an teideal atá ar leagan de ar cheirnín le Frankie Gavin agus Paul Brock ('Ómós do Joe Cooley', Gael-Linn CEF115; anois ar dhlúthdhiosca CEFCD 115). Duine de mhórcheoltóirí traidisiúnta na 1920í i Meiriceá, P. J. Conlon (cairdíneoir ó Bhaile an Mhuilinn i gCo. na Gaillimhe) a rinne buntaifead ar an ríl a chasann Gavin agus Brock. Ar cheirnín ón gcomhlacht Columbia i Nua-Eabhrac i 1929 a thaifead Conlon é, faoin teideal *Kitty in the Lane.*

106. Timpeall an tSeomra: *All round the Room* [Grier I, lch 13]. Tá leagan eile de ag Grier i ngléas D agus nóta leis: *'All around the Room, Reel, for Pipes.'* Ainm eile air *The Light Horseman's Reel.*

107. Ríl Uí Bhógáin: *Bogan's Reel* [Donnelly II]. Ón bhfidléir William Jones, Co. Fhear Manach.

108. Peaidí a' Chláir: *Paddy from Clare* [Donnelly II]. Ón bhfidléir William Jones, Co. Fhear Manach.

109. Slán leis an bhFraoch: *Farewell to the Heather* [Donnelly II]. Ba é an fidléir William Jones, Co. Fhear Manach, a chum é seo.

110. Gearrchaile an tSabhaircín: *The Primrose Lass* [Breathnach III/ Bogue]. Féach uimhir 95. Níl hí seo an ríl arb iondúil an teideal seo a bheith uirthi.

111. Gan Ainm: *Anon.* [Sheahan]. Gaol aige le *McFadden's Favorite (DMI,* 716).

112. Ríl Chiarraí: *The Kerry Reel* [Donnelly II]. Ón bhfidléir William Jones, Co. Fhear Manach. Leagan de 'An Claíomh i Láimh' nó *The Sword in Hand* (*CRÉ,* 144 & *PTT,* 14).

113. An Bóthar Nua: *The New Road* [Reid]. Gan ainm i ls. Sheáin Reid. Leagan de *DMI* 523: uaidhsean an t-ainm. Gaol aige le *Corney is Coming (DMI,* 762). Ar cheirnín a rinne *The Raymond Roland Quartet* (Raymond Roland, Vincent Griffin, Liam Farrell, agus Kevin Taylor) i Londain i 1965, *Saturday Night at the Céilí (Ember* 3361): an t-ainm ansin *Fahy's Reel.* Is é an fidléir Paddy Fahy, ó Chill Chonaill in oirthear Cho. na Gaillimhe, a bhfuil an oiread sin fonn breá déanta aige, atá i gceist.

114. An Líon faoi Bhláth: *The Flax in Bloom* [McDermott II, lch 7]. Dáta leis *'17th March 1937'.* Ríl an-choitianta é *(DMI,* 633) a thugtar anseo mar gheall ar an tríú páirt atá léi sa leagan breá seo ón bhfidléir Mícheál ('An Máistir') Mac Diarmada. Múinteoir scoile i bPomeroy, Co. Thír Eoghain, ba ea é, a d'aistrigh go dtí an Charraig Mhór sa chontae céanna tar éis éirí as obair dó, agus a mhair ansin go dtí a bhás sa bhliain 1947.

112

115. **Ríl Nua Iníon Mhic Leoid:** *The New Miss McLeod* [Grier II, lch 49]. Níl aon ghaol ag an ríl seo leis an ngnáth-ríl a bhfuil an teideal *Miss McLeod* uirthi.

116. **Tá Jeaic Beo:** *Jack's Alive* [Grier II, lch 49].

117. **Aimsir Aerach na Cásca:** *The Merry Days of Easter* [Madigan, lch 98]. Ní hionann í seo agus an ríl a bhfuil an t-ainm céanna uirthi i *DMI*. Gaol ag an gceann anseo le *The Jolly Pigeons (GE,* lch 71).

118. **Pléaráca Eadarnaí:** *The Humours of Ederney* [Donnelly II]. Ba é an fidléir William Jones, Co. Fhear Manach, a chum é. Chasadh John Doherty, an fidléir clúiteach as Tír Chonaill, an fonn seo.

119. **Ríl an Mháistir Mhic Dhiarmada:** *Master McDermott's Reel* [McDermott II, lch 23]. Leagan údarásach anseo: ba é an fidléir Mícheál ('An Máistir') Mac Diarmada, Pomeroy agus an Charraig Mhór, Co. Thír Eoghain – an fear a scríobh an ls. – a chum an ríl seo. Nóta aige, *'Composed May 1943'*. Tá nóta air ag uimhir 114. An-tóir ar an ríl seo: i measc na gceoltóirí a bhfuil sí ar cheirnín acu tá Josephine Keegan, faoin teideal *McDermott's* (*OAS 3030, Outlet*); Tommy Peoples, faoin teideal *The New Policeman* ar *A Traditional Experience with Tommy Peoples (SOLO* 7012); agus an grúpa *Buttons and Bows,* mar *McDermott's* ar *Gracenotes:* (Gael-Linn CEFCD 151). I gcló in *IT (Master McDermott's,* lch 12) agus mar *McDermott's* i *McN,* lch 10. I gcló cheana ag Breandán Breathnach (*Ceol,* iml. 3, uimh. 1) mar *McDermott's Reel* ón bhfeadánaí Johnnie Maguire (Co. Fhear Manach). Bhí tuairim ag Breathnach féin gur leagan de *The Boys of the Lough* an ríl seo.

120. **Aisling Mháire:** *Mary's Dream* [Reid]. As ls. a chuir Seán Reid ar fáil ar le S.A. Henderson ar dtús é, dár dáta 11 Aibreán 1889.

121. **Teach Bhaile an Chuain:** *Harbourstown House* [Wade].

122. **An Saol ar Fad i nGrá Liom:** *All the World Loves Me* [Madigan, lch 92].

123. **Teach Annesbrook:** *Annesbrook House* [Wade]. Nóta leis a deir gur ó T. Clifford a fuair Jack Wade é seo.

124. **Gan Ainm:** *Anon.* [Grier I, lch 4]. Gaolmhar le *The Baltimore Reel* (*Ceol,* iml. 1, uimh. 4, ón bhfidléir John Kelly). *Lady South's Reel* ar leagan eile de.

125. **Spéirbhean an Locha:** *The Lady on the Lake* [Donnelly II]. Ón bhfidléir William Jones, Co. Fhear Manach. Ainm eile air seo *The Speedy Roasted Fadge:* is éard atá i gceist le *fadge* cácaí beaga cruinne déanta as fataí.

126. **Gan Ainm:** *Anon.* [Grier II, lch 54].

127. **Ríl an Tiarna Banff:** *Lord Banff's Reel* [Grier II, lch 51]. In Albain mar shraithspé. Ní minic a fheictear ríl in E mór, mar an ceann seo, ach is breá le ceoltóirí scaití – fidléirí go háithrid – corrcheann a bheith acu mar dhúshlán.

128. **Iníon Uí Choiligh:** *Miss Cox* [Wade]. Leagan eile de an chéad fhonn eile.

129. **An Bóthar Iarainn:** *The Rail Road* [Grier II, 281]. Leagan eile d'uimhir 128. Leagan de seo *Rose Mary (JCLAS,* 78).

130. **Ríl Chaoimhín Uí Mhathúna:** *Kevin Mahon's Reel* [Donnelly II]. Ba é an fidléir William Jones, Co. Fhear Manach, a chum é seo.

131. **Ríl Thiarna Dhroim an Fhiolair:** *Lord Mounteagle's* [Breathnach III/ Bogue]. Féach uimhir 95.

132. **Duilliúr an Fhómhair:** *The Autumn Leaves* [Breathnach IV, lch 6]. Gaol aige le *The Man of the House (DMI,* 642), *Ginley's Fancy (CRÉ III,* 130), *Paddy Carthy's Reel (PFR,* lch 3:) agus *Handsome Sally (Ceol,* iml. 3, uimh. I, ó Johnnie Maguire).

133. **(i) Ríl Uí Chatháin:** *Kane's* [Breathnach III/ Bogue]. **(ii) Colún Nelson:** *Nelson's Pillar* [Grier, lch 13]. Dhá leagan den fhonn seo, an chéad cheann ó Cho. Fhear Manach nó ó Thír Eoghain agus an dara ceann ó Cho. Liatroma. An dara teideal ar (i), *McCanny's:* féach uimhir 95.

134. **An Tuíodóir Aerach:** *The Merry Thatcher* [Wade]. Nóta leis seo ag Jack Wade: '*The above reel was a favourite of Arthur Kelly, flute player, from Ring Common, Co. Dublin. Kelly is about 40 years dead and was a good friend of Jimmy Ennis, Naul, Co. Dublin, present Séamus Ennis's father.'* Níl dáta leis an nóta ach sé is dóichí gur i rith na 1960í a scríobhadh é. Ní hionann an fonn seo agus an ceann a bhfuil an teideal céanna air i *CRÉ II.*

135. **Tabhair Amach agus Taispeáin don Saol Í:** *Take Her Out and Air Her* [Donnelly I]. Ón bhfidléir Paddy Nugent, Pomeroy, Co. Thír Eoghain, a fuair Liam Donnelly an fonn seo.

136. **Siamsaíocht an Rianaigh:** *Ryan's Rant* [Grier I, lch 9]. Seans gurbh é *Hime* an fhoinse a bhí ag an scríobhaí, chomh gar dá chéile is atá na leaganacha. As *Hime* an teideal: *Ray's Rant* ag Grier. Is leagan simplí é seo d'fhonn ceithre pháirt faoin teideal *Ryan's Rant* i *KCC.* Leagan eile ag Grier ag tosú ar an nóta G, leagan níos áisiúla do phíobairí agus do fhliúiteadóirí. Ainm eile ar seo *The Merry Dancer.*

137. **Ríl an Bháicéara:** *The Baker's Reel* [Breathnach I, 120].

138. **Mailí Nig Uidhir:** *Molly Maguire* [Grier II, lch 41]. Ní hionann é agus *Molly McGuire* i *RMC.*

139. **Gan Ainm:** *Anon.* [Sheahan].

140. **Gan Ainm:** *Anon.* [Grier II, lch 54].

141. **Gan Ainm:** *Anon.* [Reid]. Nóta leis a deir gur ó Bhean Uí Lochlainn a fuair Seán Reid an ríl seo, i Mí Eanáir 1948. Comharsa leis ar Bhóthar Ghort Inse Guaire in Inis i gCo. an Chláir ba ea Bean Uí Lochlainn (1885–1958), Eibhlín Ní Chonaill ó Lios Uí Chathasaigh roimh phósadh di. Ba cheoltóir ildánach í arbh iad an fhidil agus an consairtín is mó a chleachtadh sí. Samplaí de sheanstíl álainn iad na ceithre foinn atá uaithi anseo, an ceann seo agus uimhreacha 148, 179, agus 209.

142. **Seán Ó Comhaltáin:** *John Colton* [Donnelly II]. Ba é an fidléir William Jones, Co. Fhear Manach, a chum é seo. Ba dhamhsóir é an fear a luaitear sa teideal.

143. **Meaigí Shámhánta:** *Drowsy Maggie* [McDermott]. Aithneoidh gach uile cheoltóir traidisiúnta an fonn bunúsach *(DMI,* 662). Tá dhá pháirt sa bhreis ar an ngnáth-ríl sa leagan spéisiúil seo ón bhfidléir Mícheál ('An Máistir') Mac Diarmada, Pomeroy agus an Charraig Mhór, Co. Thír Eoghain.

144. **Ríl Leaicí:** *Lackey's Reel* [Breathnach IV, lch 5]. Nóta leis a deir gur ó Tom Kearns, ceoltóir, a fuarthas í.

145. **Ríl an Tincéara:** *The Tinker's Reel* [Sheahan]. Ní hionann an fonn seo agus an ceann a bhfuil an t-ainm céanna air i *DMI.*

146. **Gan Ainm:** *Anon.* [Grier II, lch 57]. Is leagan de seo *The New Line to Dublin (JCLAS,* 35).

147. **An Bairille Braiche:** *The Barrel of Wash* [Donnelly I]. Ón bhfidléir Paddy Nugent, Pomeroy, Co. Thír Eoghain, a fuair Liam Donnelly é seo.

148. **Ríl Uí Sheachnasaigh:** *O'Shaughnessy's Reel* [Reid]. *'Mrs O'Loughlin.'* Féach an nóta faoi uimhir 141 thuas.

149. **Ríl Dharach:** *The Reel of Darragh* [Donnelly II]. Ba é an fidléir William Jones, Co. Fhear Manach, a chum é seo. Is leagan é de *The Mullingar Races (DMI,* 750).

150. **Clogra Ledlow:** *Ledlow's Chimes* [Wade]. Ainm eile air *Derry Brae.*

151. **Ríl Thaimí Mhic Giolla Dhuinn:** *Tommy Gunn's Reel* [Donnelly II]. Ón bhfidléir i nDoire Loinn, Co. Fhear Manach, atá luaite sa teideal a fuair Liam Donnelly í seo.

114

152. Gearrchailí Bhaile na Leargadh: *Ballinalarkey Maids* [Wade].

153. Ríl Iníon de Buitléir: *Miss Butler's Reel* [McDermott I, lch 14].

154. Gan Ainm: *Anon.* [Grier II, lch 56].

155. Peaidí Spórtúil: *Sporting Paddy* [McDermott I, lch 19]. Ní hionann í seo agus an ghnáth-ríl a bhfuil an teideal céanna uirthi (*CRÉ*, 133).

156. Ríl Newpuck: *The Newpuck Reel* [Grier II, lch 41].

157. Gan Ainm: *Anon.* [Sheahan]. Ainmneacha ar leaganacha de seo *The Prince of Wales's Reel* agus *Where Are you Going, my Pretty Maid?*

158. Gan Ainm: *Anon.* [Sheahan].

159. Buachaillí Meidhreacha Bhaile Fhobhair: *The Merry Boys of Fore* [Wade].

160. Ríl an Ghlaslocha: *The Glasslough Reel* [McDermott I, lch 21].

161. Gan Ainm: *Anon.* [Sheahan].

162. Gan Ainm: *Anon.* [Sheahan].

163. Rogha Sheáin Uí Cheallaigh: *John Kelly's Favourite* [Breathnach I, 78]. Ba é John Kelly (1912–1989) a chum é seo, an fidléir iomráiteach agus ball de Cheoltóirí Chualann a rugadh i Réithe Iarthair, idir Carraig an Chabhaltaigh agus Cill Bheathach i ndeisceart Co. an Chláir, agus a d'aistrigh go Baile Átha Cliath go luath ina shaol.

164. Ríl an Doire Mhóir: *The Derrymore Reel* [Donnelly II]. Ón bhfidléir William Jones, Co. Fhear Manach.

165. Na Pantalúin Ghorma: *Blue Pantaloons* [Madigan]. Ríl shimplí a d'fheilfeadh do thosaitheoirí.

166. An Chloch Aoil: *The Limestone Rock* [Breathnach III, lch 42]. Leagan deas den ghnáth-ríl (*CRÉ*, 113); ón gcairdíneoir Sonny Brogan: nóta leis, *Sonny 23/6/'63.* Ó Bhaile Átha Cliath do Sonny Brogan, a rinne ceirníní sna 1930í le *The Lough Gill Quartet* agus a bhí ina bhall de Cheoltóirí Chualann faoi stiúir Sheáin Uí Riada. Tá an ríl anseo i gcló cheana ag Breathnach (*Ceol*, iml 1, uimh. 2). Ar cheirnín ag an ngrúpa *The Chieftains (The Chieftains*, Ceirníní Cladaigh, atheisithe ar dhlúthdhiosca CC2CD).

167. Sméideadh na Meidhre Maisí: *The Lovely Lassie Winking* [Grier II, lch 44]. Ainm eile air i gCo. an Longfoirt, *Jenny Got a Clinking.*

168. Gearrchailí Luimnigh: *The Limerick Lasses* [McDermott]. I gcló *(LJAS*, 91*)* mar *Over the Bridge to Beeta;* mar ríl gan ainm i *FC,* 50 (as ls. ó Bhré i gCo. Chill Mhantáin); agus mar *highland, The Merry Wives,* ag Ed Reavy *(CCER, 123).* I gCo. na hIarmhí mar *Over the Bridge to Betty.* Tóir mhór uirthi i measc fhidléirí Thír Chonaill: ainm coitianta acu *Con McGinley's,* atá mar theideal uirthi ag James Byrne ar a dhlúthdhiosca *The Road to Glenlough* (Ceirníní Cladaigh, CC52CD): faoin teideal céanna ag an ngrúpa Altan ar *Blackwater (Virgin* CDV2796). Ainmneacha eile uirthi i dTír Chonaill 'Baintreach Mná' agus 'Ríl Shingil Pheadair Uí Ighne'.

169. Ainnir an Ghleanna: *The Maid of the Glen* [Breathnach III/ Bogue]. Féach uimhir 95.

170. Áine Mhaiseach: *Lovely Anne* [Donnelly II]. Ó James McMahon, Co. Fhear Manach, é seo. Leagan de *The Rainy Day (DMI, 473).*

171. Ríl Uí Dhufaigh: *Duffy's Reel* [Donnelly II]. Ón bhfidléir William Jones, Co. Fhear Manach.

172. Iníon Mhic Aonghusa: *Miss McGuinness* [Donnelly II]. Ó James McMahon, Co. Fhear Manach. Ní hí seo an ghnáth-ríl a bhfuil an t-ainm céanna uirthi.

173. **Camchuairt an Chonnachtaigh:** *The Connachtman's Rambles* [Sheahan]. Níl aon ghaol aige seo leis an bport dúbailte ar gnách an t-ainm seo a bheith air.

174. **Ríl Uí Chonaill:** *O'Connell's Reel* [McDermott]. I gcló *(JCLAS, 57)* mar *The Night of the Fun. John P. Blessing's Favourite* i dTreoir (iml 6, uimh 5). Ar cheirnín ag an ngrúpa *Buttons and Bows* ('*Buttons and Bows', Green Linnet,* SIF 1051; atheisithe ar dhlúthdhiosca GLCD 1051) mar *Charlie Harris's,* ó ainm an cheoltóra óna bhfuair siad í, cairdíneoir ó Cho. Luimní atá ina chónaí anois in Ard Raithin, Co. na Gaillimhe.

175. **Gan Ainm:** *Anon.* [Wade].

176. **Is Álainn go Deo mo Ghrása:** *My Love is Such a Fair One* [Wade]. Leagan de *The Flower of the Flock (DMI,* 512).

177. **An Fiaire Feá:** *The Rover* [Grier II, lch 42]. Tá gaol aige seo le *Dowd's /O'Dowd's Favourite* (féach leagan eile ag uimhir 178 thíos). Is leagan í an ríl atá anseo de *Murtough Molloy (DMI,* 741). Ainmneacha eile ar fhoinn atá gaolmhar leis *The Flowers in May, The Ladies' Pantaloons* agus *The Scotch Hunt.* Bhíodh *Dublin Lasses* ar leagan de seo ag Denis Murphy, fidléir mór le rá i dtraidisiún Shliabh Luachra: ní hé an fonn a bhfuil an t-ainm sin air i *DMI* atá i gceist.

178. **Ríl an Tí-Rí:** *The Tee Ree Reel* [Wade]. Gaol aici le *Dowd's Favourite / Reel (B & S II,* lch 5; agus *PFR,* lch 9). *O'Dowd's Favourite* ag an bhfidléir Michael Coleman ar an ríl sin (in ómós d'fhidléir óna chomharsanacht dúchais i gCo. Shligigh) ar thaifead a rinne sé i Nua-Eabhrac tuairim is 1921: atheisithe ar *Michael Coleman 1891–1945* (Gael-linn / Viva Voce, CEFCD 161).

179. **Gan Ainm:** *Anon.* [Reid]. Nóta leis: *'Mrs O'Loughlin 11/1/'48.'* Féach an nóta faoi uimhir 141 thuas.

180. **Bóthar Chluain Meala:** *The Road to Clonmel* [Donnelly II]. Ba é an fidléir William Jones, Co. Fhear Manach, a chum é seo.

181. **Ríl Mhic Chárthaigh:** *Carthy's Reel* [Wade]. Is ó Tom Matthews an fonn seo. Ceoltóir i mBaile Uí Ghrianáin i gCo. na Mí a raibh aithne ag Jack Wade ina óige air ba ea Matthews, a chasadh an phíb uilleann chomh maith le go leor uirlisí eile.

182. **Ríl Uí Raghallaigh:** *Riley's Reel* [Donnelly II]. Ón bhfidléir William Jones, Co. Fhear Manach.

183. **Gan Ainm:** *Anon.* [Reid]. Ag Seán Reid ón mBráthair Gildas. (Féach an nóta ar Ghildas faoi uimhir 23 thuas.) Gaol ag an bhfonn seo le *The Four Courts (DMI,* 640).

184. **An Tiarna Mac Dónaill:** *Lord McDonald* [Wade]. Eolas forleathan mar chuid de cheol na hÉireann ar an ríl Albanach seo *(DMI,* 649: *CRÉ III,* 200). Seo leagan deas simplí a d'fheilfeadh d'uirlisí – an phíb uilleann agus feadóga, mar shampla – nach bhfuil réimse sách leathan acu leis an ngnáthleagan de a chasadh orthu.

185. **Óinsiúlacht Shinéad:** *Jenny's Folly* [Wade]. Nóta leis, *'Late A Kelly (flute), Ring Commons, Co. Dublin.'*

186. **Ealaín an Tincéara:** *The Tinker's Occupation* [McDermott I, lch 20]. Gaol aige le *The Jolly Tinker (DMI,* 751). Leaganacha den fhonn atá anseo ar cheirnín *'A Friend Indeed' (Shanachie Records,* 29013; anois ar dhlúthdhiosca, 34013) ag Liz Carroll, fidléir ó Chicago, faoin teideal *Johnny Doherty's Yellow Tinker;* agus ag Máirtín O'Connor, cairdíneoir as Gaillimh, faoin teideal *The Jolly Tinker* ar a cheirnín *The Connachtman's Rambles (Mulligan,* LUN 027; dlúthdhiosca LUNCD027).

187. **Mórthimpeall an Domhain:** *Round the World* [Donnelly II]. Ón bhfidléir Tommy Gunn, Doire Loinn, Co. Fhear Manach, é seo. Leagan de *The Jolly Tinker (DMI,* 751).

188. Ríl Sheáin Potts: *John Potts's Reel* [Wade]. John Potts (1871–1956), an píobaire ó Cho. Loch Garman a chaith a shaol i mBaile Átha Cliath atá i gceist anseo. D'fhoghlaim Breandán Breathnach an phíb uilleann uaidh: thiomnaigh sé an chéad imleabhar de *Cheol Rince na hÉireann* in ómós do Sheán Potts.

189. Peata Mhamaí: *Mamma's Pet* [Donnelly I]. Ón bhfidléir Paddy Nugent, Pomeroy, Co. Thír Eoghain, é seo. Féach uimhir 105, fonn difriúil a bhfuil an t-ainm céanna air.

190. Gan Ainm: *Anon.* [Grier II, lch 55/56].

191. An Duilleog Bhán: *The White Leaf* [Wade]. Nóta leis, *'This is the old way of playing it. It is played quite different now like many more.'* Is leagan de seo é *The Mason's Apron:* seans maith gurb í an ríl sin agus an tóir a bhí uirthi sna 1960í a bhí i gceist ag Jack Wade sa nóta. Leagan eile den fhonn atá anseo é *The White Leaf (B & S IV, 26).* Féach uimhir 192.

192. Práiscín an Tincéara: *The Tinker's Bib* [Wade]. Leagan de *The White Leaf,* uimhir 191, q.v. Tugtar *The Green Leaf* ar an gceann seo uaireanta.

193. Gan Ainm: *Anon.* [McDermott]. Sampla eile dá chumadóireacht féin ón bhfidléir Mícheál ('An Máistir') Mac Diarmada, Pomeroy agus an Charraig Mhór, Co. Thír Eoghain.

194. Ríl Mhig Eocháin: *McGuckian's Reel* [McDermott].

195. Geataí Móra Annesbrook: *The Grand Gates of Annesbrook* [Wade]. Nóta leis a deir gur i ls. le Pat Ward (1847–1928) – píobaire a rugadh gar do Dhroim Conrach, Co. na Mí, ach a chaith a shaol i nDroichead Átha, Co. Lú – a fuair Jack Wade é. *'This reel starts like 'The Maid in the Cherry Tree'. But do not judge it by the first two bars. It is a completely different reel. JW.'* Gaol aige le *The Swallow's Tail (DMI, 536).*

196. Gearrchailí Naomh Barra: *The Lasses of St Barry's* [Madigan]. Ainm eile air *Lady Baird's Reel.* Gaol aige le *Lady Baird's Strathspey (RMC, lch 242).*

197. Mo Ghrása idir Dhá Rós: *My Love between Two Roses* [Grier II, lch 46].

198. Gan Ainm: *Anon.* [Grier II, lch 54].

199. Gan Ainm: *Anon.* [Reid]. Martin Rochford, píobaire agus fidléir, ó Lúbán Díge, gar don Fhiacail, i gCo. an Chláir, a chuir an ríl seo ar fáil do Sheán Reid.

200. Teach Ashmolean: *Ashmolean House* [Donnelly II]. Ba é an fidléir Tommy Gunn, Doire Loinn, Co. Fhear Manach, a chum é seo. Le fáil ar an dlúthdhiosca *The Invasion (Green Linnet,* GLCD 1074) ón bpíobaire Jerry O'Sullivan (Séamus Egan agus Mick Moloney in éindí leis ar an traic seo).

201. Sráid Bolton: *Bolton Street* [Grier II, 268].

202. Gearrchailí Thír na Sceach: *The Tirnaskea Lasses* [McDermott II, lch 23].

203. Ríl Uí Fhriseal: *Frazer's Reel* [Donnelly II]. Ón bhfidléir William Jones, Co. Fhear Manach.

204. Tabhair Casadh sa Luachair Di: *Roll Her in the Rushes* [Madigan]. Thaifead an fidléir Michael Coleman – an ceoltóir ba mhó clú riamh i gcúrsaí ceoil tuaithe na hÉireann – é seo gan ainm i Nua-Eabhrac sa bhliain 1927: atheisithe ar *Michael Coleman 1891–1945* (Gael-linn / Viva Voce, CEFCD 161; diosca 1, traic 7b).

205. Ansacht Uí Dhúgáin: *Dougan's Fancy* [Donnelly II]. Ón bhfidléir William Jones, Co. Fhear Manach.

206. Rogha an Phíobaire: *The Piper's Favourite* [Donnelly II]. Ón bhfidléir William Jones, Co. Fhear Manach.

207. **Rogha an Chollóra:** *Dowser's Favourite* [Wade]. Nóta leis a deir gur ón bpíobaire Pat Ward a fuair Wade é seo: *'Pat Ward's brother, a fiddler, was called the Dowser Ward. This was one of his favourite reels. Pat – not knowing its name – called it 'Dowser's Favourite.'* An ríl seo ag Wade faoi dhó; *The Four Knocks* ar an dara leagan aige agus nóta, *'Late T. Matthews, Co. Meath.'* Tá nóta faoin gceoltóir Tom Matthews faoi uimhir 181 thuas.

208. **Ríl an Stáitse:** *The Stage Reel* [Wade]. Gaol aige le huimhir 207 anseo. Gaol aige freisin le *Maeve's Reel,* a chum an fidléir Jim McKillop, ó Cho. Aontroma, agus atá le fáil uaidh ar an gceirnín *Mist in the Glen (Outlet* SOLP 1045, atheisithe ar dhlúthdhiosca PT1CD 1045). Tá *Maeve's Reel* le fáil freisin mar *Jim McKillop's* ón bhfidléir Seán Smyth – ón tSráid, Cho. Mhaigh Eo – ar dhlúthdhiosca *The Blue Fiddle (Mulligan,* LUNCD 060).

209. **Gan Ainm:** *Anon.* [Reid]. Nóta leis, *'From Mrs O'Loughlin 3/1/'48.'* Féach an nóta faoi uimhir 141 thuas. D'fhéadfaí é seo a chasadh mar chornphíopa chomh maith.

210. **Gan Ainm:** *Anon.* [Grier III, 163].

211. **Gan Ainm:** *Anon.* [Grier III, 20].

212. **Cornphíopa Thomáis:** *Thomas's Hornpipe* [Grier I, lch 8].

213. **An Mhaidhdeog:** *The Pivot* [Sheahan].

214. **Gan Ainm:** *Anon.* [Grier III, 22]. Ainmneacha air *Miss Lacey's, Miss Lucey's,* agus *Mona's Delight.*

215. **Cornphíopa Uí Loingsigh:** *Lynch's Hornpipe* [Bogue IV, 47].

216. **Gan Ainm:** *Anon.* [Grier III, 11].

217. **Cornphíopa Ghréagóra:** *Gregory's Hornpipe* [Grier III, 7].

218. **Gan Ainm:** *Anon.* [Grier III, 9].

219. **Gan Ainm:** *Anon.* [Grier III, 3].

220. **Gan Ainm:** *Anon.* [Sheahan].

221. **Cornphíopa na Lorgan:** *Lurgan Hornpipe* [Bogue IV, 53 & 75]. *Coldier's Hornpipe* atá ag Bogue ar an dara leagan de atá aige.

222. **Gan Ainm:** *Anon.* [Sheahan II, lch 8]. *A Splendid Hornpipe* aige air. Leagan de *The Honeysuckle (DMI,* 874).

223. **Gan Ainm:** *Anon.* [Grier III, 13].

224. **Gan Ainm:** *Anon.* [Grier III, 72].

225. **Gan Ainm:** *Anon.* [Grier III, 23].

CLÁR NA nAINMNEACHA

POIRT DÚBALTA

POIRT LUASCTHA

POIRT SHINGILE agus SLEAMHNÁIN

POLCAÍ

RÍLEANNA

CORNPHÍOPAÍ

NA LÁMHSCRÍBHINNÍ
a bhfuarthas na foinn astu

(Tuilleadh eolais sna nótaí i dtaobh na bhfonn.)

Bogue   **Bernard Bogue**, Co. Mhuineacháin & Co. Thír Eoghain (tús an 20ú céad):
uimh. 19, 30, 32, 33, 48, 49, 53, 64, 68, 215, 221;
féach uimh. 95, 105, 110, 131, 133(i), 169.

Breathnach   **Breandán Breathnach**, Baile Átha Cliath (lár an 20ú céad):
uimh. 2, 6, 7, 8, 13, 15, 39, 40, 41, 46, 51, 54, 55, 56, 59, 60, 61, 62, 63, 66, 69, 71, 73, 75,
76, 77, 78, 79, 80, 81, 82, 83, 84, 85, 86, 87, 88, 89, 90, 91, 93, 95, 105, 110, 131, 132,
133(i), 137, 144, 163, 166, 169.

Collins   **David Collins**, Co. Luimnigh (an dara leath den 19ú céad):
féach uimh. 51, 55, 56, 61, 62, 69, 71, 75, 76, 77, 78, 79, 80, 81, 82, 83, 84, 85, 86, 87, 88,
89, 90, 91, 93.

Donnelly   **Liam Donnelly**, Co. Thír Eoghain & Béal Feirste (lár an 20ú céad):
uimh. 12, 16, 25, 28, 58, 97, 99, 104, 107, 108, 109, 112, 118, 125, 130, 135, 142, 147, 149,
151, 164, 170, 171, 172, 180, 182, 187, 189, 200, 203, 205, 206.

Gildas   **An Bráthair Gildas Ó Sé**, Co. Chiarraí (an chéad leath den 20ú céad):
féach uimh. 23, 74, 183.

Grier   **Stephen Grier**, Co. Liatroma (deireadh an 19ú céad):
uimh. 1, 3, 4, 5, 9, 10, 11, 14, 17, 20, 24, 27, 29, 31, 34, 35, 37, 42, 43, 44, 45, 47, 50, 52, 57,
65, 67, 70, 72, 92, 96, 100, 102, 106, 115, 116, 124, 126, 127, 129, 133(ii), 136, 138, 140,
146, 154, 156, 167, 177, 190, 197, 198, 201, 210, 211, 212, 214, 216, 217, 218, 219, 223,
224, 225.

Gunn   **John & Tommy Gunn**, Co. Fhear Manach (an dara leath den 19ú céad):
uimh. 21, 22, 26.

McDermott   **Michael ('Master') McDermott**, Co. Thír Eoghain (lár an 20ú céad):
uimh. 114, 119, 143, 153, 155, 160, 168, 174, 186, 193, 194, 202.

Madigan   **James Madigan**, Co. Luimnigh (lár an 19ú céad):
uimh. 117, 122, 165, 196, 204.

Reid   **Seán Reid,** Co. an Chláir (lár an 20ú céad):
uimh. 23, 74, 113, 120, 141, 148, 179, 183, 199, 209; féach uimh. 59.

Sheahan   **Dan Sheahan,** Co. Chiarraí (an dara leath den 19ú céad?):
uimh. 103, 111, 139, 145, 157, 158, 161, 162, 173, 213, 220, 222.

Wade   **Jack Wade**, Co. Mhuineacháin (lár an 20ú céad):
uimh. 94, 98, 101, 121, 123, 128, 134, 150, 152, 159, 175, 176, 178, 181, 184, 185, 188, 191,
192, 195, 207, 208.

Ls. anaitheanta uimh. 18, 36, 38.

SCAOILEADH NA NODANNA

Aird 1   **James Aird**, *A Selection of Scotch, English, Irish and Foreign Airs. Adapted to the Fife, Violin, or German Flute.* Vol. 1 (Glasgow 1782).

B & S I–IV   **Dave Bulmer & Neil Sharpley**, *Music from Ireland,* Vols. 1–4 (Lincolnshire, 1974–1976).

CCER   **Joseph M. Reavy**, *The Collected Compositions of Ed Reavy* (1984. Athchló 1996).

Ceol   **Breandán Breathnach,** eag., *Ceol* (Iris ceoil thraidisiúnta, Baile Átha Cliath, 1963–1986).

CRÉ   **Breandán Breathnach**, *Ceol Rince na hÉireann* (Baile Átha Cliath 1963. Athchló 1972, 1974, 1977, 1983).

CRÉ II   **Breandán Breathnach**, *Ceol Rince na hÉireann*, Cuid 2 (Baile Átha Cliath 1976. Athchló 1982, 1992).

CRÉ III   **Breandán Breathnach**, *Ceol Rince na hÉireann*, Cuid 3 (Baile Átha Cliath 1985. Athchló 1995).

DMI   **Francis O'Neill**, *The Dance Music of Ireland* (Chicago 1907. Athchló 1965, etc.).

DMWC   **Pat Mitchell**, *The Dance Music of Willie Clancy* (Baile Átha Cliath agus Corcaigh 1976. Athchló 1993).

FC   **Arthur Darley & P.J. McCall**, *Feis Ceoil Collection of Irish Airs*, Vol. 1 (Baile Átha Cliath 1914. Athchló air mar *The Darley & McCall Collection of Traditional Irish Music*, 1984).

FTB   **Peter Kennedy**, *The Fiddler's Tune-Book* (Oxford 1951. Athchló 1994).

GE   **Donncha Ó Briain**, *The Golden Eagle* (Baile Átha Cliath 1988. 2a heagrán 1993).

Goodman   Lámhscríbhinn **James Goodman I–IV**, i gColáiste na Tríonóide, Baile Átha Cliath (cnuasach a rinneadh i lár an 19ú céad).

Hime   *Forty Eight Original Irish Dances never before Printed with Basses for the Piano-forte and with Proper Figures for Dancing* (Baile Átha Cliath, gan dáta).

IM   **Francis O'Neill**, *O'Neill's Irish Music* (Chicago 1915. Athchló 1987).

IT   **Seán McGuire & Josephine Keegan**, *Irish Tunes by the 100*, Vol. 1 (Lincolnshire 1975).

JCLAS   **Rev. L. Donnellan, C.C.,** 'Oriel Songs and Dances', *Journal of the County Louth Archæological Society.* Vol. II, No. 2 (Dún Dealgan & Droichead Átha, 1909).

KCC   *Kerr's Caledonian Collection* (Glasgow, 1914).

Kerr I–IV   *Kerr's First / Second / Third / Fourth / Collection of Merry Melodies for the Violin* (Glasgow, gan dáta).

McN   **Pat McNulty**, *A Collection of the Dance Music of Ireland* (Glasgow, 1965. 4ú heagrán 1991).

| *MI* | Francis O'Neill, *O'Neill's Music of Ireland* (Chicago 1903. Athchló 1964, 1979). |

O'FPC — O'Farrell, *Pocket Companion for the Irish or Union Pipes*. Vol. 1 (Londain, c. 1810).

PFR — *Play Fifty Reels with the Armagh Pipers Club* (Ard Mhacha 1982).

PPT — Pat Mitchell & Jackie Small, *The Piping of Patsy Touhey* (Baile Átha Cliath 1986).

RMC — William Bradbury Ryan, *Ryan's Mammoth Collection* (Boston 1883, Athchló 1995).

Treoir — *Treoir* (Iris ceoil Chomhaltas Ceoltóirí Éireann, Baile Átha Cliath 1968 –).

WCCD — *Caledonian Country Dances, Being a Collection of All the Celebrated Scotch Country Dances now in Vogue, . . . Printed and Sold by I. Walsh . . . at ye Harp and Hoboy . . . Strand* (Londain, gan dáta).

Westrop — T. Westrop, eag., *T. Westrop's 120 Country Dances, Jigs, Reels, Hornpipes, Spanish Waltz, etc. for the Pianoforte* (Londain, gan dáta).

WSGM — Francis O'Neill, *Waifs and Strays of Gaelic Melody* (2a heagrán, Chicago 1922. Athchló 1980).